INHALT

VORWORT

Dies ist ein Buch mit organisatorischen Hilfen für Veranstalter. Eben gerade habe ich das Gespräch mit einem nigerianischen Studenten abgebrochen, weil ich nachts am ruhigsten schreiben kann und noch etwas am Manuskript der „Tausend Tips für Mitarbeiter" tun wollte. Der Junge fühlt sich im Studentenwohnheim einsam. Er bedauert, daß bei unserem Wetter in Hamburg niemand palavernd vor seiner Haustür sitzt und er deshalb auch schwer zu den Deutschen Kontakt bekommt. Ich wollte ihm helfen. Ich hätte sein Freund werden können. Ich habe ihm zwar zugehört, aber mit einer Hirnhälfte war ich schon bei meiner geliebten Schreibmaschine zu Hause. Falsch!

Mir ist der erste Fehler passiert, vor dem ich Sie, geschätzter Leser, warnen möchte: Man flüchtet aus der Seelsorge in die Organisation. Aus der unbequemen, manchmal peinlichen, oft scheinbar erfolglosen persönlichen Mit-Teilung des Evangeliums in das leicht und offensichtlich erfolgreiche Verwalten und Managen des Evangeliums. Zum Glück gibt es noch Wächter in der Kirche (die bezeichnenderweise in der kirchlichen Publizistik gar nicht mit ihrem „Wächteramt" kokettieren), die warnen vor dieser waschechten Versuchung der Sünde. Es ist nämlich leichter, fünf Firmen anzurufen, als sich in einem Riesenkrankenhaus nach fünf Omas durchzufragen. Es ist leichter, auf einer wichtigen Sitzung zu sitzen als bei einer Trauernden zu sitzen. Der wachsenden Zahl von Referenten, Beauftragten, Sachbearbeitern, Sekretären, geschäftsführenden Vorsitzenden, kassenführenden Beisitzern und kommissarischen Zweisitzern steht eine schrumpfende Zahl jener Christenmenschen gegenüber, die man früher wohl als „Mütter und Väter in Christo" bezeichnete, als Hirten, Seelsorger, Propheten.

Ich appelliere an sämtliche Bestände von Ehrlichkeit sich selbst gegenüber: Haben Sie dieses Buch gekauft, „um ein paar organisatorische Kniffe zur Verbesserung unserer Jugendarbeit" zu lernen? oder „weil ich hier immer schon mal richtig was losmachen wollte" (für den Herrn, versteht sich!)? Dann schicken Sie es mir oder dem Verlag zurück. Es wird

Ihnen nicht nur nichts nützen, es gefährdet Sie sogar. Sie laufen Gefahr, Geld, Zeit, Kraft und Freude zu verlieren für die schlichte Erkenntnis, daß „es“ (also der Aufbau des Reiches Gottes, das Heilwerden von Menschen) „nicht durch ein Heer oder Kraft eines Menschen, sondern durch Gottes Geist geschehen soll.“ (Sach. 4, 6).
Ernsthaft: Toll, perfekt, faszinierend und kreativ organisierte evangelistische Aktionen, die aus heimlicher Flucht vor dem Kleinklein des Gemeindealltags aus dem Boden gestampft wurden, sind in aller Regel ebenso schnell in demselben verschwunden.

„Viel Lärm um Jesus.“ Diese Schlagzeile bezog der haarscharf hinter die Mitarbeiterkulissen blickende Lokalreporter keineswegs auf die Musik der anwesenden Band, sondern auf den plötzlich schillernden Aktivismus eines sonst auf der Kanzel eher farblosen Pastors...

Warum ich dieses Handbuch für Veranstalter trotzdem geschrieben habe, obwohl es den Bekenntnis- und Seelsorgeflüchtlingen einen Schreibtischunterschlupf bieten könnte? Weil wir mit handwerklich gekonnter Ausschöpfung des Machbaren dem göttlichen Geschenk des Nicht – Machbaren näher kommen können.
Andersrum: Weil uns der Heilige Geist nicht immer mit ausschließlich geistgewirkten himmlischen Gaben senkrecht überschüttet, sondern sehr oft erstmal unsere natürlich gewachsenen und erworbenen Gaben heiligt und gebraucht. Dazu zähle ich auch Säle, Autos, Geld und Telefone. Den Umgang damit will dieses Buch „lehren“.

1. Wer sind wir überhaupt?

1.1. Geistliche und menschliche Standortbestimmung

Wir sind Christen. Und deshalb zur Mission berufen. Richtig. Also Telefonhörer in die Hand und los geht's? Halt! Ein klein wenig mehr Nahaufnahme und Tiefenschärfe bitte: Bevor Sie eine wie auch immer geartete Veranstaltung planen, sollten Sie eine geistliche und menschliche Standortbestimmung vornehmen. Und jetzt bitte nicht nur lesen, wie man sich so etwas vornimmt, sondern sie auch wirklich in Gedanken durchführen:

- Wo steht unsere Gemeinde, unser CVJM, unsere Jugendgruppe eigentlich geistlich?
- Was ist in den letzten zwanzig Gruppenstunden inhaltlich geschehen?
- Wie ist die Persönlichkeitsentwicklung der einzelnen Mitarbeiter?
- Wer kann hier mit wem und wer steht mit wem ständig im Konflikt?
- Wie ist das Verhältnis des Pfarrers zum Presbyterium, des Brüderrates zur Gemeinde?
- Gibt es intensive Beter in unserem Kreis?
- Wieviele Mitarbeiter würden große zeitliche und finanzielle Belastungen schadlos durchstehen?
- Sind wir willens und fähig, neue Leute als unsere persönlichen Freunde aufzunehmen?
- Könnten wir seelisch und sozial Angeschlagenen dauerhaft helfen und sie tragen?

Man sollte eine solche Standortbestimmung bitte nicht als sozio-psychologischen Schnickschnack oder fromme Nabelschau abtun. Es geht nicht darum, a) erst dann zu evangelisieren, wenn alle internen Probleme gelöst sind, denn wer darauf wartet, evangelisiert nie; oder b) erst dann zu evangelisieren, wenn eine fromme Eliteeinheit vor Ihnen strammsteht (schon Paulus und Barnabas hatten Mitarbeiter, die auf halber Strecke liegenblieben: Apg. 12, 25; 13,13), sondern es geht darum, Sie vor gekünstelt aufgesetzten, nicht der Situation des Ortes entsprechenden Veranstaltungen zu bewahren.

Ein Jugendlicher bricht sein drittes Studium ab, weiß mit 26 Jahren immer noch nicht, was er werden will und eröffnet deshalb mit einer handvoll ebenso beruflich labiler Freunde erstmal eine Teestube mit angeschlossener Wohngemeinschaft. Schön. Aber wer sich länger als 20 Minuten mit dem Teestubenteam unterhält, wird den Eindruck nicht los, in einem fromm verbrämten Alibi zu sitzen.
Die Ehe eines Pfarrers droht zu zerbrechen, als durch die Probleme der vierzehnjährigen Tochter uralte Risse zwischen ihm und seiner Frau aufgedeckt werden. Als jeder harmlose Generationskonflikt am Mittagstisch zu einem tagelangen Ehekrach eskaliert, überzieht der Herr Pfarrer den Gemeindekalender plötzlich mit einer Serie von Vortragsveranstaltungen, Bibelwochen und Konzerten im Gemeindehaus. Die Volkshochschule erblaßt vor Neid, die Konfirmanden wissen nicht wie ihnen geschieht, und als nach zwei Jahren die Pfarrstelle vakant ist, hat der Bezirkssynodale Schwierigkeiten zu erklären, warum man diesen „rührigen Pfarrer" ablösen mußte...

Was ist von Gott her dran?
Wer über einen längeren Zeitraum so fragt und betet und als Gemeindepastor oder Pfarrer auch auf die Situationsbeschreibungen seiner Kritiker hört, hat schon eine heilsame Sicherung gegen hohlen „Macherzirkus" eingebaut.

1.2. Welche Methode entspricht uns? Kulturelle Standortbestimmung

Wieviele Leute Ihres Bekanntenkreises besitzen ein riedgedecktes Landhaus, schenken der Tochter einen Porsche zum Abitur und haben ein eigenes Segelboot am Genfer See? Keiner?!
Wieviele Leute in Ihrer Gemeinde haben Pappkartons, Obstkisten und Matratzen statt Möbel in der Wohnung, waren oder sind drogenabhängig? Keiner?!

Haben Sie denn Freunde, die NPD wählten, alte Waffen sammeln, in Schießsportverbänden sind und am Zeitungskiosk „Landser"-Hefte kaufen? Auch niemand?! Dann gehören Sie vermutlich einem „normal" demokratisch, biederen Mittelstand an und werden normalerweise auch nur Ihnen ähnliche Leute erreichen.
Natürlich durchbricht Gottes Gnade auch soziokulturelle Barrieren, aber zutiefst seelsorglich verstehen werden Sie wohl nur Menschen, deren Lebensstil, Sozialsituation und Herkunft Ihrer relativ ähnlich ist. Es wirkte von daher peinlich aufgesetzt und brachte auch nicht die erhoffte Resonanz, als sich eine kreuzbrave hessische Freikirche ausgerechnet die harte Rockband „Semaja" ins Missionszelt einlud. Ebenso unpassend wäre es, Professor Wilder-Smith seinen Vortrag „Evolution oder Schöpfung" im Nürnberger Punk-Jugendzentrum „KOMM" halten zu lassen oder mit dem Männerchor aus Derschlag ein Freiluft-Konzert auf dem Campus der Bremer Universität zu veranstalten. Bei der Wahl des Evangelisten, der Musikgruppe oder der gesamten Methodik Ihrer Aktion sollten Sie also zunächst und zuallererst fragen:

Wer paßt zu uns als Veranstalter?
Erst dann die Frage: Wer paßt zu unserer anvisierten Zielgruppe?

Das heißt nicht, daß man immer nur „todsichere Namen" verpflichtet oder nur denjenigen einlädt, der haarklein die gemeindeinterne Linie bestätigt.
Horizonterweiterung und Veränderung gibt es nur zum Preis des Wagnisses, auch mal „unbequeme" oder „etwas anders denkende" Evangelisten, Musikgruppen oder Referenten einzuladen.

Die kulturelle Standortbestimmung sollte Sie allerdings nicht davon abhalten, von den Erfahrungen anderer Gruppen und Gemeinden zu profitieren.
Zwei christliche Liedermacher treffen sich auf einer Hochzeit. „Vor einem halben Jahr, X – Stadt! Ganz toller Jugendkreis, 600 Leute im Konzert, gute Nacharbeit gewährleistet..."
„X – Stadt?!" reißt der andere die Augen auf, „da war ich doch

neulich erst! Mickrig organisiert, 80 gelangweilte Leute im Saal, ein zerstrittener Mitarbeiterkreis, ..."

Was war passiert?
Jugendgruppe A wollte es der missionarisch so schlagkräftigen Gruppe B nachmachen, ohne den eigenen Standort bestimmt zu haben. Sie stampfte im trotzigen „wir auch!" – Prinzip ein Konzert aus dem Boden, ohne das Know How von Gruppe A abzustauben.

Warum sind so viele Pfarrer oder Pastoren zu stolz, zur Pfingstgemeinde drei Straßen weiter zu gehen und zu fragen: „Wie seid Ihr an diese billige Druckerei gekommen?"; zu den Methodisten im Nachbardorf zu gehen und nach Feldbetten für die Jungscharfreizeit zu fragen, bei den Baptisten die beste Kontaktperson im Ordnungsamt zu erfragen und von der SPD Plakatständer auszuleihen?!
Warum sind an einem Abend zwei christliche Konzerte in einer mittelgroßen Stadt, warum kommen Missions-Diavorträge viermal hintereinander in verschiedene Kirchen desselben Ortes?!
Hat Evangelist X in Gemeinde Y sich hinter den Kulissen als kompromißloser Starrkopf aufgeführt, braucht Gemeinde Z ein halbes Jahr später diese zermürbenden Debatten mit Evangelist X doch nicht zu wiederholen!

Es verbessert Ihr Programm und bereichert Ihren Erfahrungsschatz, wenn Sie Ihre theologischen, lokalhistorischen oder persönlichen Vorbehalte überwinden, den Telefonhörer in die Hand nehmen und fragen: „Wer hat hier schon was gemacht?"

2. Wann machen wir was?

Tanz der Termine

Ja, natürlich, im Prinzip sollen Jünger Jesu 365 Tage im Jahr missionarisch aktiv sein. Wenn sie den vielzitierten „missionarischen Lebensstil" praktizieren, trifft das sogar zu. Aber auch Christen voll „glühender Retterliebe" müssen mal Weihnachtseinkäufe machen, schreiben ihre Lohnsteuererklärung zwischen den Jahren, fahren nur dann Ski, wenn auch Schnee liegt, und können mit schulpflichtigen Kindern nur dann Sommerurlaub machen, wenn diese Ferien haben.
Zwei Extreme bei der Terminplanung: Wenn Sie auf alle Schul- und Semesterferien, Geburtstage Ihrer Mitarbeiter, örtlichen Volksfeste, Fußballpokalspiele im Fernsehen und bedrohlichen Konkurrenztermine anderer Kirchen Rücksicht nehmen, finden Sie nie ein Datum für Ihre Veranstaltung.
Scheren Sie sich jedoch überhaupt nicht um sowas und verlegen Ihr Freiluftfestival auf das Wochenende nach dem Evangelischen Kirchentag, einen verkaufsoffenen Sonnabend, parallel zur Eröffnung des Sommerjahrmarktes nachmittags um 16.00 Uhr, draußen auf die Waldeslichtung – dann verlieren Sie nicht nur viele Leute, sondern auch viel Geld.

Also zurück zum vernünftigen Mittelmaß:

- Studentenmissionswerke wie „Campus für Christus", die „Navigatoren" oder die SMD und Gemeinden in Städten mit überwiegend studentischem Jungvolk (Münster, Freiburg, Göttingen, Tübingen, Marburg) bzw. in den typischen Universitätsvierteln der Großstädte (Köln, Bochum, Hamburg, München) machen in den zwei großen Semesterferien Mitte Februar bis Mitte April und Mitte Juli bis Mitte Oktober wenig oder nichts.

- Die Semesterferien beinhalten oft auch die Frühjahrs- bzw. Osterferien und die Herbstferien für Schüler.
  Im Sommer kommen je nach Bundesland noch die letzte Juni-Woche und die ersten zwei Juliwochen dazu.

– Berücksichtigt man dazu noch die Belegung kirchlicher Räume und die Beanspruchung kirchlicher Mitarbeiter an den sogenannten „hohen Festtagen“ wie Karfreitag, Ostern, Pfingsten, Erntedankfest, Advent und Weihnachten und im Rheinland die unvermeidliche Faschingszeit, **dann bleiben für evangelistische Sonderveranstaltungen noch ca. 25 – 30 mögliche Wochen bzw. Wochenenden im Jahr übrig.**

– Direkt vor den Sommerferien zu evangelisieren hat sich für die seelsorgliche „Nacharbeit“ und die erhoffte Kontaktaufnahme zu Kirchenfremden als schlecht erwiesen. Mancher, der ganz beeindruckt nach einem Konzert oder einem Vortrag sagte: „Besuchen Sie mich doch bitte nächste Woche mal“ oder: „Ich komme ganz bestimmt in Ihre Gottesdienste“ – war plötzlich für fünf Wochen nach Spanien entfleucht und konnte sich im September an nichts mehr erinnern. Und wäre er zu Hause geblieben: In Ihrer Gemeinde passiert ja auch nicht allzuviel, wenn die meisten Mitarbeiter selbst im Urlaub sind, oder?

– Direkt nach den Sommerferien zu evangelisieren, läßt die vorlaufende Werbekampagne ins Leere stoßen: Ihre Plakate werden von weniger Leuten gesehen, Ihre teuren Anzeigen und Postwurfsendungen werden nicht gelesen, sondern liegen in den Urlaubsfächern auf der Post.

– Da Missionszelte in der Regel ab Mitte Mai bis Mitte Oktober zu haben und Freiluftveranstaltungen des unsicheren Wetters wegen nur von Anfang Juni bis Anfang September zu machen sind, ist hier ein genaues Jonglieren mit Terminen besonders ratsam.

– Die Frage, wie lang und wie oft pro Jahr eine Evangelisation sein muß oder darf, wird unterschiedlich beantwortet. In den 50er Jahren sprach Billy Graham sechs Wochen lang jeden Abend im knackvollen Madison Square Garden in Manhattan/New York. Da kann ich nur sagen: Das war eben in den 50er Jahren und das war eben Manhattan. Heute höre ich oft Pastoren und Mitarbeiter unter vierzehntägigen Evangelisationen oder zwölftägigen Bibelwochen stöhnen und das sollte man nicht als Glaubensschwäche auslegen: Die Mitarbeiter sind beruflich stärker beansprucht, das konkurrierende Freizeitangebot ist für die anvisierten Gäste attraktiver und vielseitiger.

„Kurz und kräftig!“ lautet da die Devise heute. Eine Bibelwoche und eine Evangelisation pro Jahr. Zweimal drei Tage Coffeebar oder „Lord's Days“ im Jahr. Vier Einzelkonzerte in den vierzig ferien- und festagslosen Wochen. Das scheint quer durch alle konfessionellen Lager ein kräftemäßig vertretbares Mittelmaß zu sein.

Sie sollten nämlich außer an ein kontinuierliches Veranstaltungsangebot (als Begleitung des 365-Tage-missionarischen-Lebensstils!“) auch daran denken, wie oft und wie stark Ihre Mitarbeiter zu motivieren sind! Erst danach kommt die Frage, wann die Musikgruppe Ihrer Wahl, wann der bevorzugte Redner, wann der erwünschte Film „zu haben ist“. Es gibt zwar ca. 240 christliche Bands in Deutschland, über 1000 Jugendchöre, etwa 20 Solisten und Duos, tausende von evangelistisch begabten Pfarrern, Predigern und Referenten – aber die Veranstalter wollen ja meist „nur den“ oder „diesmal unbedingt die!“
Die „begehrten“ Evangelisten oder evangelistischen Dienstgruppen müssen in der Regel genauso viele Anfragen absagen, wie sie zusagen können, haben also 100% Überbuchung. Die Naivität, mit der mancher Veranstalter im Februar einen Einsatz im April anfragt, „bei unserem hundertjährigen Jubiläum mitzuwirken“, ist erstaunlich: Seit 100 Jahren steht der Termin fest, aber er kümmert sich erst acht Wochen vorher darum!

– Zu kurzfristig und spontan Termine festzumachen hat den Nachteil, daß man die erwünschte Gruppe oder den Referenten nicht mehr bekommt. Und selbst wenn er Sie „noch dazwischenschiebt“, stehen Sie unter Umständen ohne geeignete Halle da, kommen mit den Fertigungsterminen der Plakate und Handzettel in Hektik usw.

– Zu langfristig zu buchen, hat aber auch Nachteile: Ihre Mitarbeiter sind ausbildungs- oder berufsbedingt in zwei

Jahren nicht mehr da; bei der eingeladenen missionarischen Dienstgruppe hat sich personell, stilistisch und finanziell alles geändert, keine Hochzeit von Freunden, keine Prüfung oder Klausur, keine Beerdigung im Verwandtenkreis darf dazwischenkommen. Vollends konfus werden langfristig geplante Veranstaltungen, wenn der Vater der Idee, – Sie als Veranstalter also, – nicht mehr am Ort ist und das anreisende Missionsteam Ihrem Nachfolger gegenübersteht, der diesen Termin als „Erblast“ halbherzig hinter sich bringt.

Wo also liegt das berühmte Mittelmaß beim Terminemachen? 6 bis 16 Monate vorher!
Wer nicht kurzfristiger, aber auch nicht langfristiger plant, führt in der Regel mit den Mitarbeitern, die er jetzt hat, in den Hallen, die es jetzt gibt, eine Veranstaltung durch mit dem Bühnenprogramm, daß er jetzt auch noch bekommt.

Klar, Sie wollen ein Wochenende.
Im Mai eins, und im Oktober eins.
Alle wollen das.
Aber haben Sie schon mal an die Montag- bis Donnerstagabende im Januar, April und November gedacht?
Aus eigener Erfahrung kann ich sagen, daß an diesen konkurrenzlosen Abenden manchmal mehr Leute kommen als am Samstag!
Beginnt man um 19.00 Uhr, fällt das Argument der morgendlichen Müdigkeit von Teenagern und Berufstätigen weg; keine Sportschau, keine Disco, kein Schützenfest und keine Kino-Premiere stört Ihre Werbung. Manche berufstätigen Mitarbeiter können durch vorhergehende Überstunden zwei Nachmittage frei nehmen und sind ab ca. 14.00 Uhr auch an Wochentagen verfügbar. Referenten, Filme und Hauptamtliche („Profi“-)Musikgruppen sind hier problemloser zu buchen. Normal berufstätige Musikgruppen („Nicht-Profis“) allerdings nur, sofern sie innerhalb eines 50-km-Radius von Ihnen wohnen, und nach der Arbeit rechtzeitig da sein können.

3. Es strömt schon wieder einer rein ...

Werben oder sterben

Darf ich mal ein bitteres Pillchen dazwischenschieben? (und bitte halten Sie mich deshalb nicht für überheblich): Der überwiegende Teil christlicher Veranstaltungswerbung geschieht halbherzig, mutlos, ideenlos, fade. Über den Plakataushang in Schaukästen benachbarter Kirchengemeinden und einiger Geschäfte sowie ein packenweises Weitergeben der obligatorischen Handzettel kommen nur wenige Veranstalter hinaus. Solange es Pfarrer ernsthaft für Werbung halten, wenn Ihre Sonderveranstaltung in dem kleingedruckten Kästchen der Lokalzeitung unter „Gottesdienste" erscheint, ist für mich jedes Lamento über leere Säle fragwürdig.
Kommen kaum oder keine Kirchenfremden in die Evangelisation, liegt es a) am „harten Pflaster auf dem wir hier missionieren müssen!".

Würde ich alle Gegenden, von denen ich diese Christenklage schon hörte, auf einer Landkarte eintragen, kämen die wohlvertrauten Umrisse der gesamten Bundesrepublik Deutschland zum Vorschein. Überall „besonders harter Boden!" Jede Stadt eine „irgendwie schwierige Situation fürs Evangelium".

Oder aber der mangelnde Besuch „Fernstehender", Nichtglaubender liegt b) am Evangelisten, an der Band, am Programm: „Der zieht ja nicht"; „den kennen ja nur Fromme". Da kann ich nur sagen: Solange es keine Wim Thoelkes, Frank Elstners oder Udo Lindenbergs gibt, die so populär und dann noch evangelistisch sind, sollten wir aufhören, zu jammern.
Selten bis nie sagt ein Veranstalter klipp und klar: „Fünfzig dröge gestaltete Plakate und 1000 müde getextete Handzettel waren für unsere 80.000-Einwohner Stadt wohl zu wenig. Die fünf gemeindefremden Besucher gestern abend kamen allein aus Gnade, die 150 Christen allein aus Neugier. Schade." Viel wahrscheinlicher als dieses Geständnis ist es,

daß aus der Not eine Tugend gemacht wird: „Das Evangelium meint immer den Einzelnen, nie die Masse ..." Richtig! Aber ob in Ihrer Veranstaltung 50 oder 500 Einzelne vom Evangelium angesprochen werden können – das liegt zum großen Teil an Ihnen!
„Ich bin kein Wachstumsfetischist, auch kein frommer. Drei wirklich persönlich Getroffene sind mir wertvoller, als die ganze Gießkannen-Verkündigung." Okay. Dann streichen Sie aber Veranstaltungen generell aus Ihrem evangelistischen Wirken und verlegen alles in den privaten Kontakt, den evangelistischen Lebensstil, den Hauskreis, die kirchliche Kleingruppe.

Wollen Sie jedoch dem Missionsbefehl, zu „allen Völkern" und „bis an die Enden der Erde" zu gehen, auch mit Veranstaltungen Folge leisten, dann bitteschön sollte die Liebe zu den Menschen auch Ihre Kreativität, Ihren Fleiß und Ihren Mut beflügeln.

3.1. Das gute alte Plakat

Von den ersten Plakaten lesen wir in Habakuk 2, 2; Jesaja 8, 1 und Esra 1, 1.

Nehmen Sie sich bitte zwei Stunden Zeit, einen Notizblock und einen Kuli zur Hand und dann bummeln Sie durch Ihre oder die nächstgelegene Großstadt. Eine Studienreise in optischer Informationsübermittlung.

Welche Plakate fallen Ihnen sofort auf? Warum?
Hat ein Bild oder eine Aussage Ihren Blick gefangengenommen?
Wenn es ein Wort, ein Name, ein Satz war: Wie ist er geschrieben? Schrifttype, Farbe, Anordnung?
Wenn es ein Bild war: Warum spricht es Sie an?
Ist es ein Blickfang, der bei zweitem Hinsehen schon wieder öde wirkt (Sex, lebenslustige Erfolgstypen usw.)?
Weckt es Sehnsüchte und Bedürfnisse (Wald, Wasser, Strand, Urlaub)?

Wie groß dürfen Plakate sein, um noch in ohnehin überfüllten Schaufenstern ausgehängt zu werden?
Wie klein dürfen sie sein, um noch gesehen zu werden?
Welche Worte verstehen Sie sofort („Der neue Mazda!"), welche sind nicht sofort allgemeinverständlich? („Maazel dirigiert!")
Würden mehr Pfarrer und Jugendleiter diesen Stadtbummel mit Notizblock machen, sähe kirchliche Publizistik weniger sauertöpfisch oder schlicht altbacken aus!
Musikgruppen und Missionswerke bzw. Zeltmissionen bieten Ihnen meist **vorgefertigte Plakate an, in die Sie Ihre lokalen Daten einfach eindrucken lassen.**
Mal abgesehen von der graphisch-gestalterischen Qualität: **Auf lichtfestem Papier nicht kleiner als DIN A 3 und nicht größer als DIN A 2. Möglichst hochformatig, schwarz-weiß nicht teurer als 75 Pfg. je Stück** und vierfarbig nicht teurer als 1,50 DM je Stück. Mit genügend Freiraum für mindestens zwei Zeilen Lokal-Information (Dienstag, 05.09.84, 20.00 Uhr, John-Wesley-Tempel, Eintritt: 6.– DM) oder in Großstädten auch drei Zeilen (Kirche zu den Heiligen drei Königen, Eva-von-Thiele-Winckler-Straße 128a – 130b). So sollten die Ihnen angebotenen Poster sein!
Ihr Plakatlieferant sollte darauf achten, daß die Plakate ohne Beschädigung der Kanten ankommen, da sonst beim Eindruck der Lokal-Informationen die Druckmaschine sie nicht mehr richtig „greifen" kann und zerknitterter Abfall produziert wird. Geld sparen kann man auch, indem man zehn Mitarbeiter **mit fettschreibendem Plaka-Stift** ausrüstet, jedem fünzig Plakate in die Hand drückt und die örtlichen Angaben von Hand schreiben läßt.
Bei 5000 Handzetteln ist das schon schwieriger; hier empfiehlt es sich immer zu drucken.

Die große Identitätsfrage: Wie halten Sie es mit der **Veranstalternennung** auf Plakaten, Handzetteln und in Zeitungsartikeln? „Roß und Reiter nennen!", sagen die einen und knallen unter die Zeile „Rockfestival" noch fett „Veranstalter: St. Magdalena Kirchengemeinde zu unseren lieben Frauen" drunter, auch wenn der Layouter das zum Schreien findet.
„Nicht vorzeitig verwirren oder abschrecken!", murmeln die anderen und lassen auf Plakaten stillschweigend weg, daß

sie „Adventisten“ oder „Gemeinschaft der mennonitisch Taufgesinnten“ heißen.
Um nicht mit Sekten identifiziert zu werden, formulieren manche auch nebulös „Veranstalter: Junge Christen“.
Und wie nennt man die Predigt auf Plakaten?
„Referat Dr. Meyer“, klingt sehr trocken und offiziös. „Ansprache Heinz“ hört sich nach einer Hochzeitstischrede an. „Es spricht der Pfarrer“ ist natürlich nichts besonderes, denn der spricht jeden Sonntag. Die feinsinnigste Lösung finde ich: „Moderation“ oder „Wortbeitrag“. Wie lang die „Moderationen“ des Evangelisten werden, kann der Plakatleser ja zum Glück nicht ahnen...

Wenn Sie nun aber keine vorgefertigten Plakate beziehen, sondern selbst welche gestalten, gehen Sie **zu einem graphisch begabten Jugendlichen, einem professionellen christlichen Layouter** oder demjenigen Drucker aus den „Gelben Seiten“ des Telefonbuches, der Ihnen die konkretesten Preisangaben ab Skizze machen konnte und lassen sich ein Muster fertigen.
Und nun Vorsicht: Bitte fragen Sie nicht alle Mitglieder der Jugendgruppe oder des Presbyteriums, was denen wie und warum anders besser gefallen würde! (Sonst wird erst Entwurf Nr. 53 gedruckt und Sie sind um ebenso viele Jahre gealtert...). Stattdessen geht der Entwurf nach zwei, drei Einverständniserklärungen verantwortlicher Mitarbeiter auf die Walze und damit basta.

Nicht früher als drei Wochen und nicht später als zehn Tage vorher werden nun die Plakate in Geschäfte ausgetragen. Das sollten je zwei Mitarbeiter ab 16 Jahren aufwärts, jeweils ein Junge und ein Mädchen tun. Aus gutem Grund: Jüngere Plakatausträger werden von den Geschäftsinhabern entweder nicht recht ernst genommen, oder man läßt sie gar nicht bis zu ihnen vor. Und oft erreicht eine Frau mit Charme und sicherem Auftreten mehr bei den manchmal unwirschen oder skeptischen Ladenbesitzern. Einem um Aushang seiner religiösen Ideen bettelnden Bartträger schlägt man leichter was ab, als einer netten jungen Dame. Der wird in der Regel noch geholfen, das Plakat gut sichtbar aufzuhängen. Klar, daß sich die Plakatkleber-Paare nicht

freitags um 17.00 Uhr oder am katastrophalen Samstagvormittag durch die Geschäfte wühlen, sondern **gegen 10.00 Uhr vormittags oder frühzeitig nach der Mittagspause,** wenn Verkäufer wie Manager zwar schon klar denken können, aber noch nicht gestreßt sind. Ebenso klar, daß Ihre Mitarbeiter **Tesafilm und Schere selbst dabei haben, das Plakat eigenhändig aufhängen** („zum Aushang gegebene Plakate" erscheinen selten bis nie im Fenster!) und **am nächsten Tag nochmal einen Kontrollgang fest einplanen. Vorrang haben Geschäfte mit Zielpublikum.** Bei Bibel- und Seelsorgewochen also Café's, Kaffeegeschäfte, Modehäuser, Apotheken, kleine Lebensmittelläden.
Bei Popkonzerten und Jugendevangelisationen, Jeansläden, Boutiquen, Plattengeschäfte, Moped- und Motorradhändler, Discotheken, Bistros und Studentenkneipen, Fotokopiershops, Friseure und Eisdielen.

Generell sollte plakatiert werden: In Großstädten **an Litfaßsäulen und kommerziellen Plakatwänden** (Kosten sind auf dem Ordnungsamt, Abteilung Städtische Werbeflächen, zu erfragen), in **U-Bahnen, S-Bahnen, Straßenbahnen, Bussen und an deren jeweiligen Haltestellen** (Kosten oft erstaunlich „normal", bei den Verkehrsbetrieben zu erfragen), **an den „schwarzen Brettern" von Schulen, Universitäten, Fabriken, Schwimmbädern** (nach telefonischer Anmeldung eines „Zehn-Minuten-Gesprächs über ein besonderes Angebot unserer Kirchengemeinde für Ihre Schüler / Betriebsangehörigen, zu dem Sie um Ihre Kooperation gebeten werden").
Der Direktor, Betriebsrat, Bademeister kriegt am Telefon dann nämlich so einen Schreck, daß er bei Ihrem Vorsprechen ganz erleichtert ist, „nur diese drei Plakate aushängen" zu müssen!
Ebenfalls plakatiert werden muß natürlich an **Restaurants, Parkplätzen und Tankstellen.**
Nicht ohne Erlaubnis plakatieren sollten Sie an Bauzäunen und Stromkästen. In manchen Städten gilt hier allerdings ein Gewohnheitsrecht, es doch zu tun.

Von den Parteien bekommt man oft kostenlos **Plakatständer** (testen Sie doch mal, welche Partei bei Ihnen am ehesten

damit rausrückt...! Ich habe schon „Janz-Team"-Plakate auf DKP-Ständer geleimt!), die Sie – mit einer schriftlichen Genehmigung des Ordnungsamtes in der Tasche – mit **Blumendraht an Laternenpfähle, Bäume, unter Verkehrsschilder, an Brücken und Fußgängergeländern** befestigen. Dazu benötigen Sie einen Pkw-Kombi, einen VW-Bus, oder ein ähnliches, für Transporte geeignetes Auto, **ein paar Eimer Kleister, eine Malerbürste, Handschuhe und Zange, Blumendraht und: Viele Mitarbeiter, die sich nicht schämen!** Beklebt und befestigt man die Plakatständer nämlich tagsüber, hat man an jedem Laternenmast eine kleine Menschentraube spöttischer Kommentatoren um sich. Macht man die Aktion nachts, pöbeln einen betrunkene Spätheimkehrer an, und alle Nase lang will die Polizeistreife Ihre schriftliche Genehmigung sehen. Aber: Es lohnt sich!
Besser 800 Leute im Saal und dem Verleiher ein paar eingetretene Plakatständer ersetzen, als vor leeren Bänken festzustellen: Jeder Zeuge Jehovas wird von der Öffentlichkeit besser wahrgenommen als wir...

3.2. Handzettel und Flugblätter

Vom unleserlich hektographierten, klitzeklein vollgetexteten DIN A 4-Flugblatt im Stil linker Studentengruppen bis zur noblen Fotokarte mit Reliefschrift im Stil einer Hochzeitseinladung können Sie gestalterisch alles machen, wenn Sie nicht die vorgefertigten Handzettel der Gruppe oder des Evangelisten benutzen.
Nicht kleiner als DIN A 6 (Postkarte), nicht größer als DIN A 4, auf der Vorderseite möglichst analog zum Plakat und auf der Rückseite möglichst knapp und attraktiv getextet, auf farbigem aber billigem Papier schwarz-weiß gedruckt (60 – 80g, nicht holzfrei, Foto-Wiedergabe auf Umweltschutzpapier oft schlecht) – so sollten Sie nie weniger als 1000 Handzettel herstellen. Vorsicht vor allzu künstlerischen Ambitionen wie Drittelfaltung, Farbwiedergabe, Ornamenten und Zierleisten, Schrifttypen usw.: **99% Ihrer Handzettel befinden sich nicht länger als 30 Sekunden in der Hand des Empfängers.** Sie zermartern sich da für den Papierkorb des Schulhofes das Hirn! Deshalb: plakativ, informativ, ein-

fach. Außerdem sollten Handzettel nicht mehr als 12 Pfg./Stk. kosten.

Verteilen sollten Sie diese:

- **Zwischen 12.00 Uhr und 14.00 Uhr vor den Schulhöfen, vor der Uni, an Busbahnhöfen, Bahnhöfen, in Eisdielen und Schülercafés;**
- **Zwischen 16.00 und 17.00 Uhr vor großen Behörden, vor Fabriktoren und Werksgeländen, am Ausgang größerer Firmen;**
- **Zwischen 17.00 und 18.30 Uhr vor Supermärkten, Kaufhäusern und auf deren Parkplätzen. (Vorsicht: In Abwesenheit des Fahrers unter den Scheibenwischer geklemmte Handzettel werden oft als lästig empfunden. Handzettel möglichst persönlich überreichen!);**
- **Samstagvormittags in allen Geschäftsstraßen, in der Fußgängerzone und ab 12.30 Uhr wieder an U- und S-Bahn, Bushaltestellen usw.**

Bei nicht altersspezifischen Veranstaltungen lohnt es sich auch, in Neubauvierteln mit Wohnblocks und Hochhäusern die Briefkästen „durchzukämmen".

Leben Sie auf dem Dorf oder in einer Kleinstadt mit weiter auseinanderstehenden Einzelhäusern, ist es ratsamer, Einladungsbriefe zu verschicken. Sonst läuft man sich für 65 einzeln eingesteckte Handzettel die Hacken ab und macht womöglich noch mit ein paar Hofhunden Bekanntschaft.

3.3. Persönliche Einladungsbriefe

So sinnlos Postwurfsendungen oft sind, so wirksam können persönliche Anschreiben sein. Ein nett formulierter Brief ist schnell kopiert, und nur der Name muß eingetippt werden. Ab 100 Briefen gibt's ermäßigtes Porto für Massendrucksachen. Wer nicht erst umständliche Bestellformulare zum Ausfüllen an den Fuß des Briefes setzt, sondern schlicht um telefonische Kartenbestellung bzw. Platzreservierung bittet, erlebt in aller Regel guten Rücklauf. Voraussetzung: Eine aktuelle Adresskartei!

(Wie man die bekommt, steht im Kapitel „Nacharbeit")

Wenn ein CVJM-Sekretär oder ein evangelischer Jugendpfarrer natürlich die Vornamen und Adressen der letzten vier

Konfirmandenjahrgänge gar nicht weiß, dann sieht's mau aus mit dem Evangelisieren. Dasselbe gilt für freikirchliche Pastoren. Die haben auf ihren Schreibtischen in den seltensten Fällen die Adressen der nächsten evangelischen oder freikirchlichen Jugendleiter abrufbar, geschweige denn die Adresse der neulich im Gottesdienst aufgetauchten „Neuen“ ...
Wer drei, vier Veranstaltungen mit gründlicher Kommentarkartenauswertung durchgeführt hat, verfügt über einen systematisch ansprechbaren Freundeskreis, der auch sehr bald die Zusammensetzung der Gottesdienstbesucher verändern kann.

3.4. Kleine Veranstaltungszeitung

Interessanter als ein Flugblatt ist eine acht oder sechzehn DIN A 5-Seiten dicke, selbstkopierte Veranstaltungszeitung mit Infos, Comics, Kurzzeugnissen, Werbung. Ein „Sonder-Gemeindebrief“ zum Verteilen quasi.

3.5. Zeitungsanzeigen

Die sind teuer. Neben den Rindfleisch-Sonderpreisen von EDEKA plaziert lesen sie auch nur Hausfrauen. Neben den reißerischen Annoncen der Kinos, Restaurants oder Autohändler werden sie oft übersehen.
Ganz was anderes: **„Szenen“-Blätter der Großstädte. Veranstaltungsmagazine für Jugendliche und reine Studenten- oder Alternativ-Zeitschriften.** Da sollten Sie zumindest Jugendveranstaltungen großzügig und vor allem regelmäßig inserieren. Meist sind hier auch die Preise alternativ. Für den Text der Anzeige gilt dasselbe wie für's Plakat: knapp, informativ, plakativ. Wer seine Leser verblüffen und seine Kasse entlasten will, sollte mit den Mitarbeitern die selbstbezahlte „Kleinanzeigenkette“ durchsprechen: Jeder gibt eine oder zwei, drei Kleinanzeigen zum Preis von 15,– oder 25,– DM auf. Sie werden in der Woche vor der Veranstaltung möglichst täglich geschaltet und lauten ganz geheimnisvoll nur so:

„Samstag geh' ich nicht ins Kino, sondern zu...
Ruf' mich an, wenn Du mitwillst: Tel.:..."
„Dem ersten, der anruft, schenk' ich eine Eintrittskarte. Tel.:..."
„Das wird stark! Ich freu' mich schon drauf.
Kommst Du? Bitte. Tel.:..."
„Wenn Du wissen willst, was Samstag Irres passiert, dann ruf... an."
Es hat Veranstalter von „Arno & Andreas"-Konzerten gegeben, die diese Kleinanzeigen mit den Vornamen der Mitarbeiter versahen („Wo geh' ich morgen abend wohl hin? Thomas: ..."), woraufhin vor allem die Mädchen Anrufe von Sex-Kunden bekamen. Mit etwas Begabung zu einer Formulierung, die Neugierde weckt ohne anzüglich zu sein, dürften Sie das aber bewältigen.

3.6. Zeitungsartikel

Die kosten außer einem Gang zum Lokalredakteur und einem erinnernden Anruf anderntags nichts. **Sie schreiben nach dem Schema der sechs W's** (Wer Was Wann Wo Warum Wie) **einen flotten Artikel, eineinhalbzeilig getippt, 40 Anschläge pro Zeile, von höchstens dreiviertel DIN A 4 Seiten Länge und legen ein kontraststarkes, konturenscharfes Schwarzweiß-Foto (nicht größer als DIN A 5) bei.** Ob, bzw. wie stark gekürzt und wo Ihr Artikel in den Lokalseiten erscheint – das hängt außer vom freundschaftlich-persönlichen Kontakt zum Redakteur auch von der journalistischen Güte des Artikels ab:
Kurze Sätze! Lebendige Verben (singen, sprechen, diskutieren, zeigen, lädt ein, Tee trinken, es dankt, es kostet, es beginnt).
Wenig steife Substantive oder womöglich noch Substantivierungen (der Gesang, die Rede, die Diskussion, das Zunächst-zu-Zeigende, das dabei-zu-Bedenkende oder ähnliche Monster). **Ehrliche Adjektive** (gut, gefällig, erfahren, unterhaltsam, interessant. Also nicht „der Beste", „das Mitreißenste", „der Erfahrenste").
Sachliche Begründungen, warum es sich unbedingt lohnt zu kommen. (Also nicht: „Es wird Ihnen bestimmt gefallen!",

sondern: „Weil die Band XY eine interessante Mischung aus Pop und Rock spielt" oder „Weil Pfarrer XY seine Hörer zu faszinieren versteht"...)
Kommen Sie schnell zur Sache und bleiben Sie bitte dabei! Ihre eigene Gemeinde, den tollen neuen Saal, die vorige Veranstaltung, die gesellschaftliche Situation allgemein und den christlichen Glauben global können Sie ja in einem anderen Artikel abhandeln. Jetzt hier und heute geht es um das bevorstehende Programm, die Musikgruppe, den Referenten, den Film und um nichts anderes!

3.7. Aufkleber

Schüler, Autofahrer und Kofferbesitzer lieben sie normalerweise heiß und innig: Die Aufkleber, auch Stickers genannt. In allen Formen, meist rund, recht- oder dreieckig. In allen Farben, meist knallig leuchtend. In allen Größen, von doppelter Handtellergröße bis zur winzigen Briefverschlußmarke.
Wer mehr als ein teures Schulmappensouvenir herstellen will und sichergehen möchte, daß sein Veranstaltungskleber wirklich wirbt, sollte folgendes beachten:

- Einen Hersteller für lichtfeste, wasserabstoßende, selbstklebende Stickers finden.
- Einen graphisch begabten Mitarbeiter oder einen professionellen Layouter finden, der Ihre Ideen und Texte in eine reproduzierbare Druckvorlage verwandelt.
- Nicht mehr als 300 Aufkleber herstellen und diese in Stapeln den 12 – 18jährigen der Jugendgruppe geben. Machen Sie sich keinerlei Sorge, wo die Sticker eigentlich hinkommen: Innerhalb eines Tages hat jeder Schüler, jeder Mofafahrer eins. Sie finden Ihre Aufkleber an Masten von Straßenlaternen, Fußgängergeländern, Café- und Eisdielentüren, Bauzäunen, Schaufenstern usw.

3.8. Autokonvoi

Überzeugen Sie alle Autofahrer Ihrer Gemeinde in einer praktischen Vorführung davon, daß **Tesa-Krepp oder ein vergleichbares Klebeband keine Schäden im Lack verur-**

sacht und sich deshalb jeder getrost zwei Plakate an jede Tür und je eins auf Kühler- und Kofferraumhaube kleben kann.
Einige Handzettel noch in die hinteren Fenster – und fertig ist die rollende Litfaßsäule. Weil in Großstädten die Werbeflächen der Innenstädte oft nicht zu bezahlen sind, empfiehlt sich der „parkende Konvoi“: Drei mit Ihren Plakaten vollgeklebte Wagen parken hintereinander vor einer Fußgängerampel. Drei Tage lang zwischen 7.00 und 9.00 Uhr sowie 16.00 und 18.00 Uhr – und jeder hat schon mal was von Ihrer Aktion/Gemeinde/Gruppe gehört!
Mit schriftlicher Genehmigung der Polizei in der Tasche können Sie den Konvoi auch freitagnachmittags oder samstagvormittags durch die Stadt fahren lassen. Aber Vorsicht: Werbe-Effekte und Ärger über die Verkehrsbehinderung halten sich bei den Passanten die Waage.

3.9. Lautsprecherwagen

Was in den 50er und 60er Jahren noch Bestandteil jeder großen Werbekampagne war, wird im Zeitalter des Lärmschutzes als propagandistische Belästigung empfunden: Mit Lautsprechern durch Wohnviertel zu gondeln. Lassen Sie's. Es schmeckt nach Nazi-Kundgebung und die Veranstaltungsdaten merkt sich doch keiner.

3.10. Informationsstand/Büchertisch

Ein Tapeziertisch, vorne mit Plakaten der Veranstaltung dekoriert; ein Sonnenschirm von der heimischen Terrasse; ein transportabler, robuster Plattenspieler, eine Kabeltrommel, genügend Handzettel und Eintrittskarten, eine Auswahl wirklich guter Bücher – und schon passen Sie ansprechend ins Bild des Floh- oder Wochenmarktes Ihrer Stadt.
Wenn Sie außerdem noch eine Kaffee- oder sogar Espresso-Maschine, Zucker und Dosenmilch, genügend Stapel Pappbecher und Rührstäbchen dabei haben, wird Ihr Stand eine willkommene Anlaufstelle pflastermüder

Hausfrauen und gelangweilter Schüler sein. Schon allein der Kaffeeduft zieht die Leute an.
Außer der Stellgenehmigung des Ordnungsamtes brauchen Sie allerdings auch einen Reisegewerbeschein, um Platten, Bücher und Eintrittskarten verkaufen zu dürfen. Der ist aber für jeden Kaufmann oder Geschäftsinhaber Ihres Freundeskreises leicht bei der Industrie- und Handelskammer (IHK) oder beim Gewerbeaufsichtsamt Ihrer Stadt zu bekommen. Auch die vielbeschworenen Lebensmittelkontrollen und etwaigen Auflagen des Gesundheitsamtes brauchen Sie nicht zu fürchten: Wo jeder Schützenverein an den Sommerwochenenden Bier zapft, Würstchen brät und offene Kuchenbuffets auf die Dorfplätze stellen darf, macht man Ihnen wegen Kaffee- und Tee-Ausschank keine Schwierigkeiten. Lediglich beim Obstverkauf und der Herstellung von Speise-Eis sind die Gesundheitsämter vielerorts pingelig.
Vorsicht vor falschen Erwartungen an Ihren Informationsstand: Der reale Verkauf an Platten, Büchern und Eintrittskarten ist meist sehr dürftig. Der bewußtseinsprägende Werbeeffekt, die positive „Public Relations“ für Ihre Kirche ist jedoch enorm.

3.11. Sandwich-Läufer

Man nehme zwei robuste große Pappen, klebe je ein Veranstaltungsplakat darauf, verbinde sie oben durch mehrfach gespannte Bindfäden oder breites Schulterband hosenträgerartig, und hänge sie einem mutigen Mitarbeiter bzw. sich selbst über die Schultern. Einen Packen Handzettel dazu und los geht's in die Innenstadt, Kaufhäuser, Schulhöfe.
Der Mensch zwischen den zwei Plakatscheiben sollte ein redegewandter Draufgänger sein, der alle Neugierigen freundlich anzusprechen versteht („Guten Tag. Die Luthergemeinde lädt Sie herzlich zu einem Filmabend ein. Haben Sie heute oder morgen abend ab 20.00 Uhr Zeit?“). Er muß gegenüber Gelächter („Wie sieht der denn aus!“) und Anpöbelungen („Sag mal, hast Du das nötig?!“ „Was soll der Quatsch...“) aber auch immun sein.

Der Erinnerungswert steigert sich, wenn zehn solcher Sandwichläufer auf hohen Stelzen durch die Stadt staksen und zehn weitere Leute unten zu ebener Erde Zettel verteilen.

3.12. Lehrerwerbung

Clever, wie Sie sind, kennen Sie natürlich viele oder alle „frommen“ Lehrer an den Schulen Ihrer Stadt. Egal, ob sie konfessionell von Ihrer Fraktion sind oder nicht: Wer sich kirchlich engagiert hat, ist für Sie interessant und ein potentieller Werbeträger! Denn:
Mit einem Buch des demnächst sprechenden Evangelisten, mit einer Schallplatte des demnächst hier singenden Interpreten ausgerüstet, geht dieser Lehrer in seinen Religions-, Musik- oder Deutsch-Unterricht und gestaltet eine Stunde zum Thema Ihrer Veranstaltung.

Vorsicht: Lehrer sind formal ja Beamte. Sagt Ihnen ein Lehrer, sich sinnierend den Bart zwirbelnd, er werde den Lehrplan der nächsten Monate wohlwollend dahingehend prüfen, ob eine solche Unterrichtsstunde mit Sonderthematik einzuschieben wäre, er sei gerne weiterhin bereit, im Kollegium einen Denkprozeß hin zu dieser Entscheidung in Gang zu setzen und sähe auch einer Abstimmungsmehrheit sowie der letzendlichen Bewilligung durch den Schulleiter nicht ohne begründete Hoffnung entgegen – dann laufen Sie, so schnell Sie können!! Sie sind einem jener furchterregenden Spezies in die Hände gefallen, die vor jedem Handschlag eine Sitzung mit Thesenpapier und vor jedem Schritt ein Genehmigungsverfahren brauchen. Das Ende jeder halbwegs pfiffigen Aktion.

3.13. Rundfunkmeldung

Jedes Verkehrsfunkprogramm eines Bundeslandes hat einmal täglich oder einmal wöchentlich einen Veranstaltungskalender. Die meisten Jugendprogramme haben darüberhinaus noch einen oder geben mehrmals wöchentlich Veranstaltungstips. **Rufen Sie bei den Sendern bzw. bei ihren Lan-**

desstudios an und fragen Sie nach dem dafür zuständigen Redakteur. Dem schicken Sie dann drei Wochen vorher eine Zwei-Zeilen-Meldung. Eine Zwei-Zeilen-Meldung! Ihre Sorge, so ein Zettelchen könne trotz des beeindruckend klerikalen Briefkopfes in der Riesenmaschinerie einer Rundfunkanstalt untergehen, ist berechtigt: Rufen Sie zwei Wochen vorher nochmal an und schicken Sie sechs Tage vorher die Meldung nochmal an den übergeordneten Redakteur bzw. Ressortleiter...

3.14. Kartenverkauf

Haben Sie schon mal in Plattenläden, Buchhandlungen und Boutiquen Ihrer Stadt herumgestöbert und dabei aus den Augenwinkeln heimlich spioniert, wer hier eigentlich der Geschäftsführer oder die Chefin ist, wer hier „das Sagen" hat? Zu dieser Person gehen Sie nun zielstrebig und schlagen ihr folgenden Kuhhandel vor:
„Würden Sie diese zehn Eintrittskarten unserer kommenden Veranstaltung neben die Kasse legen und im Fall von Nachfrage verkaufen? Ich bin der Pastor Soundso und komme am Tag der Veranstaltung oder am Morgen darauf wieder her und hole sie ab bzw. kassiere den Umsatz. **Für diese Gefälligkeit von Ihnen drucken wir den Namen Ihres Geschäftes auf 250 Plakate und 3000 Handzettel. Na?"**

Machen Sie auf keinen Fall den Fehler, bequem von zu Hause aus ein paar Läden anzurufen und plump „Übernehmen Sie unseren Kartenvorverkauf?" zu fragen! Huch, Schreck. Etwas übernehmen? Das hört sich ja nach Mehrbelastung meiner Angestellten an. Und wer ist dieser Kerl am Telefon überhaupt?!
Aber – wenn da ein gepflegter Pfarrer steht und man diese lächerlichen zehn kleinen Eintrittskarten in seiner Hand sieht, na, man ist ja kein Unmensch...
Und nun Ihr Trick: Sobald vier, fünf Geschäfte Ihre Karten haben und die Plakate mit der aufgedruckten Liste der Verkaufsstellen in der Stadt hängen, rennen als erstes **Ihre** Mitarbeiter in diese Geschäfte und kaufen die zehn Karten wieder auf! Anschließend gucken sie sich noch lang und interessiert

im Laden um. Buchhändlerin Meyerbier ist ganz verdutzt, ruft Sie an und bittet dringend um weitere 15 Karten! Die werden nun hoffentlich von Ihren anvisierten Gästen gekauft.
Der Effekt dieser Art Kartenvorverkauf: Sie bekommen persönlichen Kontakt zu Geschäftsleuten; jede Vorverkaufsstelle nimmt auch Ihr Plakat ins Schaufenster; zwei Tage vor der Veranstaltung wissen Sie, ob und wenn ja, wie die Werbung eingeschlagen hat; und – bevor die Musikgruppe, der Film oder der Redner auf der Matte stehen, haben Sie schon einen Teil der Kosten gedeckt.
Natürlich „übernehmen" auch andere kirchliche Gruppen, Jugendverbände, Sportvereine usw. päckchenweise Karten zum Vorverkauf. Macht man noch eine besondere „Vorverkaufsermäßigung" oder bietet Großabnehmern ab 30 Karten z. B. einen rentablen Anteil, ist das werbende Engagement doppelt stark.

3.15. Trittbrettfahren

Zwei Tage vor Ihrer Zeltmission ein Handballturnier in X-dorf? Am Sonntag vor Ihrem „Lord's Day" ein Schützenfest in Y-stadt? Oder ein Rockfestival in Z-hausen? Keine Gefahr für Sie! Im Gegenteil: Finden Sie per Telefon heraus, wer der organisatorische Leiter der Sache ist und werden Sie zu einem günstigen Zeitpunkt bei ihm vorstellig. „Es tut doch Ihrer Maifete keinen Abbruch, **wenn die Besucher am Ausgang ein Plakat von uns sehen, Handzettel bekommen und ich in der Pause am Mikrofon vielleicht sogar eine Durchsage mache, oder?"** Vor allem auf dem Land braucht man z. B. bei Fußballspielen den Herrn Vereinspräsident nur daran zu erinnern, daß sein Onkel dritten Grades doch vor dem Krieg im Kirchenvorstand war – und normalerweise schallt dann Ihr Veranstaltungshinweis weithin über die Festwiese.
Fahren Sie auch bei benachbarten und vorhergehenden christlichen Veranstaltungen Trittbrett: Alles, was bei Katholiken, Lutheranern, Methodisten, Baptisten und noch eben tragbaren freien Trägern mehr als 150 Leute zusammenbringt, ist für Sie im Prinzip eine Werbe-Chance und ein wichtiger Termin.

4. Wo machen wir es überhaupt?

Die Qual der Saal-Wahl

Entscheiden Sie die Wahl des Veranstaltungsraumes nicht nur von der einzusparenden Miete her, indem Sie vorschnell bei der eigenen Kirche, dem eigenen Gemeindesaal landen. Versetzen Sie sich per gedanklichem Rollenspiel in die Situation Ihrer Gäste. Sie bekommen beim Einkaufen einen Zettel in die Hand, auf dem steht:
„Herzliche Einladung zum lockeren Beisammensein bei Tee und Kerzenlicht. Es spricht Dr. Soundso, Musik: The Hundredfourtyfours. Diskussion. Samstag 20.00 Uhr im Königreichssaal der Jehovas Zeugen, Wachturmstr. 15."
Würden Sie hingehen? Wahrscheinlich nicht.
Vor allem Freikirchler unterschätzen in der Regel die Schwellenangst Gemeindefremder. Mögen sich viele katholische Gemeindehäuser im Rheinland fest als Kegel-, Skat- und Karnevalsfreizeitzentren im Bewußtsein der Bevölkerung etabliert haben, mag so manches norddeutsche CVJM-Haus mehr als ein Sportvereinsgebäude bekannt sein – in der Regel baut ein eindeutig konfessioneller Veranstaltungsort nur den inneren Vorsatz auf „sich keinesfalls vereinnahmen zu lassen". Prüfen Sie also vor der schlichten Verlegung der geplanten Veranstaltung ins eigene Gemeindehaus, was es in Ihrem Ort zu welchen Preisen sonst noch gibt. Für jeden Saal gibt es spezifische Vorkehrungen zu treffen.

4.1. Stadthalle/Kongreß- und Konzerthaus/Messehalle

Hallen dieser Kategorie müssen Sie in der Regel 6 – 18 Monate im voraus schriftlich bei der Stadt- oder Hallenverwaltung buchen. Bei einem kurzen Gesprächstermin auf der Behörde oder beim Kongreß-Management erklären Sie gleich, was Sie vorhaben. Je präziser Sie wissen, was an Bühnen-, Licht- und Garderobentechnik, Nebenräumen, Tischen, Ordnern usw. gebraucht wird, desto genauer können Sie den Nutzungsvertrag prüfen, der Ihnen mindestens sechs Wo-

chen vor der Veranstaltung vorliegen sollte. Mit diesem Vertrag in der Hand und einem Hausmeister-Trinkgeld in der Tasche sollten Sie und mindestens drei Ihrer Mitarbeiter dann bei einem Lokaltermin alle (alle!) technischen und räumlichen Finessen der Halle erforschen, damit Sie von der Speisekarte des Hallenrestaurants bis zum Druckknopf für den Pausengong Ihren Veranstaltungsort „im Griff" haben. Ich habe zu viele wohlmeinende Pfarrer mit hochrotem Kopf hinter der Bühne den Lichtschalter suchen sehen, während vor schallend lachendem Publikum abwechselnd der Vorhang auf- und niederging, der Orchestergraben geöffnet wurde, sich eine Leinwand vor die Kanzel senkte oder – Höhepunkt der Humoreske – das Bühnenbild einer bayerischen Dorfszene mit Alpenpanorama herunterkam...
Haben Sie also den Nutzungsvertrag im Kopf, den Hausmeister auf Ihrer Seite und den Saal im Griff, dann können Sie mit fünf oder zehn eigenen Ordnern bzw. technischen Helfern anstelle der Saal-eigenen Leute eine Menge Stundenlöhne sparen. Eine Veranstaltung mit Bands, Chören oder Musik-Solisten sollten Sie dem Hallenvermieter tunlichst nicht als „Rock-Konzert", „Jugendfete" oder „Pop-Festival" ankündigen (auch wenn es faktisch so geplant ist und entsprechend auf den Plakaten steht), denn dann rechnet Ihr Geschäftspartner mit doppeltem Ordner-Personal, Brandflecken im Teppichboden und etlichen alkoholisierten Randalierern. **Daß christliche Veranstaltungen braver als jeder Ärztekongreß über die Bühne gehen, wissen die Saal-Routiniers ja meist nicht.**
Die Zahlungsmodalitäten für die mittelgroßen bis großen deutschen Kulturschuppen sind so unterschiedlich wie ihr Mietpreis. Immer ist es möglich an den Rändern des Gesamtpreises (d. h. an den Betriebs- und Nebenkosten) zu feilschen. Wenn Sie das freundlich und geschäftlich fair tun, unter Hinweis auf konkrete Einsparungsmöglichkeiten durch Eigenleistungen zum Beispiel, kann das Erfolg haben. Unangenehmer, aber immer noch real, sind Kürzungen des Mietpreises durch effektiv unterbliebene Leistungen des Hauses. Wenn die Garderoben zwar Duschen hatten, aber kein Wasser herauskam; wenn der Hausmeister zwar bis 24.00 Uhr anwesend, aber ab 22.00 Uhr volltrunken war; wenn das Klavier zwar aufgeschlossen, aber nie und nimmer „noch am Vortage

gestimmt" dastand usw. Beides setzt aber voraus, daß Sie niemals den vollen Mietpreis für eine Halle vorher bezahlen, sondern daß Ihre Buchung auch dann rechtskräftig ist, wenn Sie nur eine Anzahlung leisteten.

Prüfen Sie den im Nutzungsvertrag des Kongreßhauses vom beschriebenen Typ nun auf folgende Inhalte:

- ab wann komplett benutzbar?
- ab wann Bühneneingang geöffnet?
- Lastenaufzug; fahrbare Transport-Untersetzer vorhanden
- Zufahrt- und Parkmöglichkeiten für Lieferanten, eventuell mehrere LKW?
- Bühnenbeleuchtung, Saallicht, Notbeleuchtung, weiße/farbige Scheinwerfer, bewegliche Punktscheinwerfer, sog. Verfolger-Spots (wichtig bei Pop-Konzerten, Pantomime, Laienspiel usw.)
- Klima-Anlage; wie laut ist ihr Gebläse wirklich...?
- Tische im Foyer, Tische im Saal (für das Mischpult der Verstärkeranlage, die Lautsprecherboxen u. ä.), Tische auf der Bühne (Podiumsdiskussion)
- Projektionsleinwand von hinreichender Größe
- Dia-Projektor, Ständer, Filmgerät, Epidiaskop (Tageslicht-Projektor)
- Aufhängung der Bühnen-Embleme; Brandschutzbestimmungen für Styropor- oder Kartonbeschriftung
- wieviele Vorhänge, wie werden sie bedient?
- Garderoben hinter oder neben der Bühne; von welcher Größe („Prophetenstübchen" oder auch für größere Chöre geeignet?), Duschen und Waschbecken in der Garderobe (wichtig für Pantomime-Gruppen und Popmusiker), Schlüssel für die Garderoben (Kollekte/Spenden zählen und aufbewahren...)
- Empore(n), Logen, Parketts
- wieviele Sitzplätze haben bei welcher Bestuhlung nur eingeschränkte Bühnensicht?
- Drehstromanschluß
- dürfen Haushaltsgeräte in die Garderoben? (Kaffeemaschine, Rasierapparat, Toaster)
- Feuerbestimmungen für Bühne und Saal generell (Gottesdienst mit Kerzen, Zigarette-Rauchen im Theaterstück usw.)

- Blumenschmuck, Kleinbäume in Töpfen
- Kanzel, Bestuhlung der Bühne (Posaunenchor...)
- wie stark und womit darf der Saal dekoriert werden? (Poster, Spruchbänder, Krepp-Papier-Blumen usw.)
- Raumgestaltung des Foyers (wieviele Stellwände, Stände, Buden, Ausstellungseinheiten dürfen wo aufgestellt werden?)
- Fluchtwege und Notausgänge des Foyers
- Stromanschlüsse im Saal und im Foyer
- Müllbeseitigung
- Speisen- und Getränkeverkauf (Waffeln, Würstchen, Brezeln, Kaffee, Tee, Saft, Dosencola)
- von wann bis wann ist für welche Personen und Gegenstände Versicherungsschutz auf der Bühne, im Saal und im Foyer gewährleistet?
- Feuerwehr
- Sanitäter und Notarzt
- Ordner und Kartenkontrolleure
- Sitzgruppen und Raucherlaubnis im Foyer
- Empfangs-Counter bzw. -Theke für Kongreß- bzw. Jugendtaganmeldung; Telefone, Regale, Schreibmaschine, Kassenschalter für Rezeptionsbetrieb
- etwaige Parallelveranstaltungen im Kongreßhaus
- Funkgeräte für leitende Mitarbeiter
- Flügel oder Klavier aufgeschlossen, auf der Bühne, auf 440 Hertz gestimmt (wichtig für Musikgruppen mit parallel zu spielenden elektronischen Tasteninstrumenten, wie Fender Rhodes, Clavinet, Orgel, Synthesizer usw., die elektronisch auf 440 Hertz gestimmt sind)
- Parkplatz- oder Parkhaus-Kapazität
- genaue Namen der Angestellten am Veranstaltungstag und ihr Zuständigkeitsbereich (oft erlaubt oder verbietet Ihnen jemand etwas, wofür er gar nicht kompetent ist!)
- sind alle, mit denen Absprachen getroffen wurden, am Veranstaltungstag anwesend?

Werden Sie nicht kopflos bei der Fülle! Zum Glück haben Sie es bei Hallen dieser Kategorie ja mit „Profis“ zu tun, die Ihnen auch manchen hilfreichen Tip geben und sehr viel Arbeit abnehmen.

4.2. Turnhalle / Pausenhof / Schul-Aula / Uni-Mensa

Dies ist der am häufigsten benutzte Saaltyp für Jugendevangelisationen. Außer auf die Akustik (die vor allem in beton- und glasverbauten Turnhallen mit glatter Rückwand ähnlich schlecht sein kann, wie in einer gotischen Kathedrale) sollten Sie hier besonders Wert darauf legen:

- daß derjenige, mit dem Sie alle Absprachen treffen, auch am Abend der Veranstaltung anwesend ist. Gerade Uni-Mensen, das Auditorium Maximum oder Hörsäle der Universitäten werden von derart paritätisch dezentral besetzten Gremien verwaltet, daß Sie auch nach wochenlanger Korrespondenz am Veranstaltungstag garantiert demjenigen gegenüberstehen, der „von nichts weiß"!
- daß auch in einer verzweigten Behördenverwaltung die Belegungs-Koordination der verschiedenen Schul- oder Universitätsräume klappt und nicht im Nebenraum gerade Elternabend, Häkelkurs oder Yoga für Fortgeschrittene läuft;
- daß diesesmal die Turnhalle eben nicht nur mit Turn- sondern auch mit matschigen Straßenschuhen betreten werden darf;
- daß die Aula bzw. der Pausenhof tatsächlich warm ist und die elektronische Heizungsuhr nicht wie üblich um 13.00 Uhr abgeschaltet hat;
- daß zwar Sekretariat und Lehrerzimmer fest verschlossen bleiben, nicht aber Toiletten und Nebenräume;
- daß der Haupteingang zur Aula auch im Dunkeln für jeden Nichtschüler leicht zu finden ist. In den oft großflächig gebauten, mit mehreren Gebäuden verwinkelten Gesamtschulkomplexen kann man zwischen Parkplatz und Saal manchmal lange Wanderungen von einer Glastür zur nächsten unternehmen, was Sie durch deutliches Plakatieren und genügend Hinweisschilder vermeiden sollten;
- daß der Saal einerseits lang genug benutzt werden darf, andererseits zum Schluß wirklich in allen Treppenhäusern, Klassenzimmern usw. abgeschlossen wird und zwar erst dann, wenn niemand mehr durch die langen Korridore irrt...

– daß in einem als steil emporsteigende Arena gebauten Uni-Hörsaal schwer Musikveranstaltungen zu machen sind, weil der tiefste Punkt die Bühne ist und die letzten Reihen drei Meter über den Lautsprecherboxen sitzen;
– daß Spruchbänder, Sprühstrichparolen und Flugblattgekleister (in einer Universität völlig normal) zumindest in dem von Ihnen benutzten Saal und an Ihrem Abend nicht die Aufmerksamkeit der Zuhörer ablenken.

Ansonsten gelten für Turnhallen und Aulen angewandt dieselben Nutzungsvertrag-Kontrollen, wie im unter 4.1. genannten Saaltyp.

4.3. Gemeindehaus / kommunaler Gemeindesaal

Dieser Veranstaltungsort ist in den allermeisten Fällen eine gute Idee. Mit „Gemeindehaus“ ist hier der Saal, der Versammlungsraum außerhalb oder neben dem Kirchenschiff gemeint. Bei Freikirchen, die dank kurzer Geschichte ja ohnehin nicht mit sakralen Kathedralen belastet sind, ist oft der sonntäglich genutzte Gottesdienstraum so eingerichtet wie ein landeskirchliches „Gemeindehaus“. Mit „kommunalem Gemeindesaal“ meine ich z. B. jene „Dorfgemeinschaftshäuser“, die qualitativ über einer Turnhalle, aber noch unter einer echten Stadthalle liegen.
Ist das Gemeindehaus gut ausgerüstet (mit kleiner Bühne, einem Klavier, eventuell einem Vorhang und variabler Beleuchtung, mit Stapelstühlen, Tischen und eventuell einer Küche nebenan), hat man ohne einen Pfennig Miete ein gutes Konzerthaus zur Verfügung.
Ist es jedoch spartanisch ausgerüstet, wie der Speisesaal eines alten Diakonissenhauses, kann man nach Lust und Laune was draus machen, weil man ja als kirchlicher Veranstalter der Herr im Hause ist. Aber bei der selbstgezimmerten Bretterbühne oder dem Tee-Ausschank auf hellem Teppichboden fängt es schon an: Veranstalten Sie nur dann etwas in Ihrem eigenen Gemeindehaus, wenn der Küster mitspielt.
Viele Gemeindehäuser sind hell und freundlich mit großen Fensterfronten ausgerüstet und stehen, missionarisch nicht unklug, oft in den Wohnvierteln, in den Trabanten- und

Schlafstädten Deutschlands. Deshalb sollten Popkonzerte oder die Jubiläen des Posaunenchores entweder **bis 22.00 Uhr beendet sein oder mit einem gewissen Wohlwollen der nächsten Anrainer rechnen können. Das erwirken Sie, indem Sie eine Woche vorher persönlich, vor allem bei älteren Nachbarn, vorsprechen oder freundlich formulierte Karten in die Briefkästen der Wohnblocks werfen.** Denn selbst wenn die Rockgruppe Punkt 22.00 Uhr die letzte Zugabe spielt: 200 Mofas, 100 x 2 Autotüren und ganz zum Schluß die rollende VW-Bus-Seitentür des Gemeindeautos sind kein Vergnügen für kranke und alte Nachbarn.

Groß-, Parallel- und vorhergehende Veranstaltungen sind – verwunderlich, aber wahr – gerade in kirchlichen Gemeindehäusern oft das Problem: Hat Ihnen der Leiter des Seniorenkreises noch in die Hand versprochen, das Adventskaffeetrinken werde bis 18.00 Uhr beendet sein, so daß die Band aufbauen kann, ist es garantiert erst um 19.00 Uhr zu Ende und bis 19.15 Uhr wird abgeräumt und abgewaschen. Vor allem in Großstadt-Kirchengemeinden mit mehreren Pfarrern, Zivildienstleistenden und -zig verschiedenen Kreisen ist die Belegungskoordination des eigenen Gemeindehauses leider nicht immer selbstverständlich.

Der ganz große Vorteil Ihres eigenen kirchlichen Gemeindehauses **sind** – falls vorhanden – **die Keller- und Nebenräume, weil Sie hier ein „Konzertcafé", eine „Coffeebar", eine „Teestube auf Zeit" oder eine „Klönrunde" einrichten können.** Es hat sich geistlich und atmosphärisch ungeheuer bewährt, und ist ein solides Stück Gemeindearbeit, wenn Sie mit Sitzgruppen, leiser Hintergrundmusik vom Tonband, gemütlicher Beleuchtung, mit Tee, Gebäck oder Schmalzstullen eine Art Anschlußveranstaltung an die Hauptaktion im großen Saal anbieten. Sind Ihre Mitarbeiter seelsorgerlich geschult und vor dem ersten Gast dort an den Tischen (d. h. beim zweitletzten Lied der Band oder bei der Ankündigung des Referenten „Ich komme zum Schluß..." draußen zum Tee-Aufgießen), entwickeln sich hier in aller Regel gute Kontakte zu Nichtglaubenden, zu Zweiflern, Suchenden und jenen Menschen, für die wir das letztlich alles machen.

4.4. Gemeindehauskeller / Teestube / kleine Gruppenräume

Planen Sie Ihren Diavortrag, Ihre Ein-Mann-Pantomime oder das Liedermacherkonzert ohnehin in eben diesen kleineren Räumen (was bei Konzerten atmosphärisch sehr gut, jazzclubartig empfunden werden kann, bei Vorträgen eher als zu peinlich hautnah wirkt), dann ist lediglich darauf zu achten,

- daß der/die Agierende(n) von allen gesehen werden können;
- daß die Raumbeleuchtung den Blick nach vorne und nicht auf die Küchentür lenkt;
- daß das Stromnetz die Belastung einer Gesangs- und Instrumentalanlage der Musikgruppe und/oder des Redners plus mehrerer Haushaltsgeräte (20 Liter Kaffeebombe, Waffeleisen, eventuell Würstchenerhitzer, usw.) aushält;
- daß man vorher mit der Musikgruppe oder mit den Laienspielern klärt, wieviel Platz sie benötigen;
- daß die zu erwartende Besucherzahl in etwa in Relation zu den vorhandenen Sitzplätzen und der Bühnensicht steht;
- daß die Mitarbeiter nicht während des Programms störend die Tische mit Tee und Gebäck bedienen.

4.5. Saal einer Gastwirtschaft

Dieser Veranstaltungsort ist natürlich urig und volksnah. In Dörfern ohne Dorfgemeinschaftshaus ist das meist der einzige Versammlungsraum. **Er ist in der Regel billig zu haben und beim säkularen Zielpublikum „eingeführt". Es ist also selbst vor der Nachbarin unverfänglich, dort einmal hinzugehen.** Wer „geräucherte" Dachbalken und Bierwerbung nicht als zu unheilig, sondern eher noch gemütlich und stimmungsvoll empfindet, wen der Geruch der gestrigen Zuchthähnchenausstellung oder gar Bullenauktion nicht aus dem Konzept bringt, der sitzt auf den knarrenden Holzstühlen eines solchen Saales genau richtig.
Beachten Sie aber bitte folgendes:

– Technisch sind die allermeisten Gastwirtschaftssäle eine Katastrophe. Prüfen Sie beim Lokaltermin vom Lichtschalter bis zur Wasserspülung der Damentoilette alles selbst!
– Alle Gastronomen unter meinen Lesern mögen verzeihen, aber die Garderoben (falls überhaupt vorhanden), Nebenräume, Toiletten, Vorhänge, Stuhl- oder Banksitzflächen, Fensterbänke und Bühnenutensilien sind in solchen Sälen normalerweise unglaublich dreckig. Das einzige, was meist blitzblank gescheuert ist, sind die Tischflächen. Alles andere aber ... Wenn das seelsorgliche Gespräch im Nebenzimmer des Gastwirtschaftssaales also von keiner herabkletternden Spinne gestört werden soll, dann bringen Sie am Veranstaltungstag einfach einen mutigen Mitarbeiter mit, der – ohne den Wirt zu beleidigen – schnell und unauffällig das Nötige tut ...
– Die Klaviere oder gar Flügel solcher Säle klingen genauso, wie Sie es aus Western kennen: Nach 15 Durchschüssen hat das Ding erst den Sound. „Schlüsselbund!" nickt unser Pianist immer, wenn es vom mittleren C an abwärts nur noch rasselt.
– Handelt es sich um eine evangelistische Musikveranstaltung, sollten Sie durch enge Bestuhlung und Ihre Ansage deutlich machen, daß diesmal Musik nicht gleichbedeutend ist mit Tanz. Vor allem, wenn Sie terminlich ganz in der Nähe zu den sonstigen Besäufnisdaten der Landjugend liegen (Rosenmontag, Osterfeuer, Tanz in den Mai, Mittsommernachtsfete, Erntefest), sollten Sie ehrlich sagen, worum es bei Ihrer Veranstaltung und heute abend geht.
– A propos Besäufnis: Der Wirt rechnet fest mit Umsatzsteigerung an Ihrem Abend und wird eventuell den Mietpreis heraufsetzen, wenn Sie ihn diesbezüglich enttäuschen müssen ...
  Alkohol- und sonstiger Getränkeausschank im hinteren Teil des Saales sind das Ende jedes vernünftigen Bühnenprogramms. Sprechen Sie also vorsichtig, aber ehrlich heraus mit dem Wirt darüber, daß erst nach dem Programm verkauft werden darf.
– Fragen Sie nach der letzten vorhergehenden Veranstaltung und sorgen Sie für die rechtzeitige und fachmännische Beseitigung aller Kulissen, Dekorationen, Getränke usw. Es sah schon komisch aus, den frommen Jugendchor

umkränzt von auf die Rückwand der Bühne gemalten Bacchanten, Faunen und nackten Teufelchen, Weintrauben, Gläsern und sinnigen Sprüchen stehen zu sehen – nur weil man vergaß, daß am Vorabend eine Weinprobe stattgefunden hatte.

– Sorgen Sie für zwei, drei Mitarbeiter, die im Falle eines unruhigen Publikums oder „gelegentlich mal hereinschauender" Gäste aus dem meist benachbarten Schankraum dezent, aber bestimmt für Ruhe sorgen.

Ansonsten aber können Sie gerade auf solchen urigen Dielenböden die wunderbare Erfahrung machen, wie das Stamm- oder Gelegenheitspublikum einer solchen Gastwirtschaft eine nie gekannte geistliche Atmosphäre schnuppert, Evangelium in unerwarteter Umgebung erlebt, plötzlich und freudig überrascht Christus begegnet.

4.6. Die Kirche

Traum jeder Gemeinde: Eine knackvolle Kirche! Oder ganz unemotional, theologisch: Dort, wo sich die hörende Gemeinde zum Gottesdienst versammelt, dort soll auch evangelisiert und gefeiert werden.
Vorsicht. Bei aller Ehrfurcht vor Baudenkmälern: **Bitte prüfen Sie die Akustik Ihres „stadtbildprägenden" Lieblingsmonstrums.** Wo sich nämlich schon Prediger und Lektoren selbst ins Wort fallen, weil es in den Spitzbögen so lange nachhallt... lallt... wallt... bald.. knallt („was hat der da vorne eben so nachdenklich sagen wollen?!!"), da haben des Sprechens ungeübte Jugendliche, texthäufende Liedermacher oder mehrstimmig singende Bands und Chöre absolut keine Chance.
Eignungstest für Kirchenräume: **Gehen Sie in den Altarraum, möglichst wenn es keine Nebengeräusche gibt, klatschen Sie einmal kräftig in die Hände und jetzt zählen Sie wie ein Fallschirmspringer „einundzwanzig, zweiundzwanzig, dreiundzwanzig ...". Hören Sie Ihr Klatschen immer noch?**
Dann suchen Sie bitte für alles, was nicht Gottesdienst oder Orgelkonzert ist, einen besseren Saal!

Hat Ihre Kirche erstaunlich wenig Hall, machen erfahrungsgemäß andere Installationen Probleme: Evangelisten leben geistlich außer von der Gnade Gottes auch vom guten Kontakt zum Publikum. Und den bekommen sie hoch oben auf der Kanzel, dem sogenannten „Schwalbennest", schwerer als zu ebener Erde. Zu ebener Erde oder im zwei Stufen erhöhten Altarraum werden sie aber von den Hinterbänklern schlechter gesehen. Von szenischen Sketchen, Pantomime und Laienspiel ganz zu schweigen.
Musikgruppen mit Tasteninstrumenten oder Schlagzeug finden zwischen dem Altar, den wertvollen Kerzen und dem tonnenschweren Taufstein nur wenig Platz. Wegen einer auf dem Altar abgelegten elektrischen Gitarre gab es schon theologische Grundsatzkräche, und als eine Leinwand zum Dias-zeigen das Kruzifix verdeckte, fing Frau Pfarrer laut an zu keifen. Nun gut, das war 1976 und in den Wäldern um Eschwege. Aber wie benutzbar ist denn Ihre Sakristei? Es war für den 60jährigen Dorfpfarrer ein unvergeßliches Erlebnis, sein winziges Kämmerlein sonntagsmorgens um 9.30 Uhr vollgestopft mit 15 amerikanischen Chorsängerinnen zu sehen, die sich gerade umzogen, schminkten und die Haare föhnten ...
Eine letzte Frage: Ist Ihre Kirche gleichmäßig beheizbar? Oder gibt es auch bei Ihnen jenes Fußbodengebläse, das vorne am Altar stickige Hitze und hinten die normale Außentemperatur einer Februarnacht produziert? Da wundert man sich, warum die Leute auch innerlich den Mantel zugeknöpft lassen und der doch so bekannte Liedermacher Soundso seine Klampfe einfach nicht gestimmt bekommt.
Ich will hier nicht den Kirchenraum im Rundumschlag madig machen. Aber selbst die modernen Kirchengebäude mit hellen Bänken oder gar Polsterstühlen, farbigen Glasbausteinen und symbolreichen Skulpturen, bleiverglasten Bildern und kunstschmiedeeisernen Kreuzen sind – atmosphärisch, gefühlsmäßig gesehen – zu 50% kalte Betongruften. Eine sakrale Distanziertheit ist da zu spüren, die fürs katholische Hochamt erwünscht sein mag, mir aber für eine evangelistische Einladung in die Geborgenheit der Familie Gottes ungeeignet scheint. Nun gut, mit einem kooperativen Hausmeister und viel innenarchitektonischem Geschick läßt sich per Dekoration noch eine Menge machen. Ich verweise da auf die

unter „Dekoration“ gesammelten Ideen. Allgemein aber sind landeskirchliche Pfarrer und ihre Synodalen noch weit davon entfernt, ihre Architekten erstmal in eine Pfingstgemeinde oder eine andere Freikirche zu schicken, um familiäre Gemütlichkeit abzugucken.

4.7. Saal-Dekoration

Bevor wir jetzt aus den festen Bauten in die Missionszelte, Freiversammlungen und missionarischen Straßenaktionen gehen, möchte ich schnell ein paar Gedanken zur Bühnendekoration einschieben:

Wer in christlichen Kreisen weder öffentlich reden noch singen kann und wen ausschließlich geistiges Arbeiten nicht reizt, für den gibt's vielerorts nur wenig Betätigung in der Gemeinde. Einen häßlichen Raum aber mit Brettern, Pappen, Plakaten, Pflanzen und Scheinwerfern komplett zu „frisieren“, das finden 95% aller Veranstalter „viel zu aufwendig“ für einen oder zwei Abende. Obwohl man gerade hier praktisch-technisch Begabte einsetzen könnte. Luftballons und Krepp-Papier beim Gartenfest, Kerzen und Transparente zu Weihnachten, ein Kürbis und zwei Laib Brot zum Erntedankfest – mehr ist optisch meist nicht los bei den theologischen Enkeln der reformatorischen Bilderstürmer.
Verwandelt der Karnevalsverein das Dorfgemeinschaftshaus in ein Piratenschiff, trinkt man beim Feuerwehrball in einer komplett zum grünen Tann umgewandelten Turnhalle sein Bier, unter Füchsen und Feen, dann sagen wir schnell, „die haben ja auch viel mehr Geld für sowas“.
Haben sie gar nicht.
Wenn Sie bei Ihrem unter „Werbung“ erwähnten Stadtbummel auch mal bewußt in die Schaufenster sehen und pfiffige Accessoires von langweiligen unterscheiden; gewollte Blickfänge von gekonnten, dann gewinnen Sie unter Umständen viel Stoff für eine Ideenbörse, zu der Sie alle Amateur-Dekorateure Ihrer Jugendgruppe zusammentrommeln sollten: Was ist technisch und finanziell machbar?
Ein Manöver-Tarn-Netz von der Bundeswehr? Zwei geschwungene Garderobenständer? Ein von Dreck und Stroh

gereinigter Pflug? Ein Ruderboot? Ein altes Grammofon mit Hör-Rohr? Immer erstmal her damit und dann vor Ort experimentieren. Wir haben schon vor Schilf-Paravents auf einem angedeuteten Bootssteg gespielt, mit Fischernetz und Aal-Reuse drüber. Oder neben einem spitzbogigen Fensterrahmen, durch dessen Butzenfenster aus Butterbrotpapier ein raffiniert versteckter Scheinwerfer von hinten „Morgensonne“ ins Zimmer strahlte. Ein riesiges Rad aus Stroh gebunden. Drei vom Förster gestiftete Birken. Ein Moospolster-Gesteck. Große Batiktücher, ja sogar Mülltonnen und Leitern, Besen, Fahrräder und Autoreifen können, geschmackvoll arrangiert, eine gute Bühnendekoration abgeben. Wer natürlich Lebensbäume, große Topf-Pflanzen oder sogar Palmen in Töpfen zur Verfügung hat, ist fein raus. Verdecken Sie Kabel-Chaos und Verstärkerkoffer, ohne die Akteure zu verdecken, dann werden Sie auch noch in drei Jahren gerne die Fotos dieses Abends zeigen.
Buchstaben aus Styropor „schneidet“ man mit einem heißen Lötkolben aus und „hängt“ sie per dünnem Nagel an eine leichte Führungsleiste aus Holz. Auch einzelne Symbole und Figuren aus Styropor – mit strapazierfähiger Marionettenschnur befestigt – können sehr reizvoll sein, wenn sie noch dazu von einer kleinen Leuchte angestrahlt werden.
Wichtig bei allem, was Ihnen je zur Dekoration einfallen mag: Vorher mit der Musik- oder Theatergruppe sprechen, Platzbeeinträchtigungen so gering wie möglich halten, vor dem Eintreffen der Akteure fertig sein, genügend Besen, Putzlappen und Müllsäcke mitbringen, um hinterher wieder alles pikobello verlassen zu können. Scheitern Ihre Künstlerträume am kategorischen Nein des Hausmeisters (weil er mal was von „Brandlast“ gelesen hat), dann verfahren Sie wie im Kapitel über Hausmeister beschrieben...
Und immer wenn Sie meinen, „ob da nun der fleckig graue Vorhang oder eine weiße Papp-Taube vor der Bühnenrückwand hängt, ist doch letztlich egal“ – dann denken Sie mal kurz an die so vielzitierte Medienzukunft der Kirche: Wenn eines Tages die Kabylonier zu Ihnen kommen und einen einfachen Gottesdienst oder eine simple kleine Talkshow in Ihrem Gemeindehaus filmen wollen – dann wird Ihnen jede vorab erworbene Kenntnis über ein bißchen Saal-Dekoration und Bühnengestaltung sehr von Nutzen sein...!

4.8. Das Missionszelt

„Opa's Zeltmission ist tot, es lebe die Zeltmission": Sie können im Wald der konfessionsinternen Blätter ergreifende Für und Wider zum Thema Zeltmission lesen und während die einen naserümpfend lächeln, schnuppern die anderen eigentlich nur unter der Plane jene vielbeschworene „Erweckungsluft". Ich will hier nicht in die Diskussion eingreifen. Ein Missionszelt bekommen Sie als Veranstalter meist nur über die dafür zuständige Institution Ihres Kirchenbundes bzw. bei einem Ihnen nahestehenden Missionswerk.
Schon bei der Planung einer „Zeltarbeit" müssen Sie ja entscheiden, ob es tatsächlich nur Stangen und Planen sein sollen, oder ein fest mit dem Zelt verbundenes Programm, eine unablösliche Mannschaft, ein bestimmter Evangelist oder – verzeihen Sie mir – eine fest mit diesem Zelt verbundene Theologie.

Ohne Zweifel: letzteres hat vieles für sich. Die traditionelle Evangelisationsweise von „eine Woche, ein Zelt, ein Mann" hat vor allem in den Freikirchen tausende von Menschen zu Christus geführt und zahllose Gemeinden nachhaltig geprägt. Ihr missionarischer Arbeitskreis ist frei für Werbung und Seelsorge, weil Sie in den meisten organisatorischen Fragen ja „Evangelisation schlüsselfertig" geliefert bekommen und das meine ich durchaus positiv. Trotzdem sind mir persönlich jene Zeltarbeiten sympathischer, wo ihre inhaltlichen Gestaltungsmöglichkeiten über das Chorsingen und Zeugnissagen hinausgehen. Wo Sie also tatsächlich nur das Zelt selbst buchen und es Ihnen dann freisteht, **eine Zelt-Coffeebar mit Obstkisten und Kurzfilmen zu veranstalten, eine Vortragswoche mit verschiedenen Referenten, ein Freundesfest der Gemeindefamilie, eine „Campingkirche" oder gar eine Konzertserie „Musik und Tee im Stadtparkzelt".**
Meine Bevorzugung solcher Nutzungsweisen eines Missionszeltes kommt daher, daß dann die berüchtigten Diskussionen um „übergestülptes Programm", „wo kam das Leben der Ortsgemeinde in der Evangelisation vor" usw. von vornherein ausbleiben. Denn – ob das weithin sichtbare Zirkusrund eines Missionszeltes von der Ortsbevölkerung als sek-

tiererisch-peinliches Skandalon empfunden wird, oder als interessante, akzeptable Form öffentlicher Auseinandersetzung – das hängt ganz entscheidend davon ab, was dort abends auf den Brettern geboten wird! Wer unter den lutherischen Jungpfarrern pikiert die Nase rümpft, weil er ein Zelt sofort mit kleinbürgerlich seelenmassierender Knopflochmission verbindet, hat offenbar in Kirchengeschichte nicht aufgepaßt: **Die Zeltmission ist keineswegs eine freikirchliche, sondern eine landeskirchliche Erfindung!**

Mal ganz ehrlich: Sich an einem zugigen Oktoberabend in den Parkplatzpfützen nasse Schuhe holen, diese dann unter der wackligen Holzbank in Sägespäne tauchen und zum Brummton der Gebläseheizung einer Bußpredigt lauschen, während Mückenschwärme um die verstaubten Neonröhren tanzen – das ist eine Vorleistung an Bereitwilligkeit, die von den Evangelisten und „Zeltprofis" oft unterschätzt wird.

Organisatorisch nimmt Ihnen als Veranstalter ein eingespieltes Team, die sogenannte „Zeltmannschaft" viel ab. Deren Anforderungen an Sie sind meist folgende:

1. Terminbuchung. Normalerweise trifft ein Zelt drei Tage vor dem Eröffnungsabend ein und wird einen Tag nach dem Abschluß abgebaut. Keine minutiöse Akkordarbeit wie beim kommerziellen Zirkus also. **Für eine einwöchige Evangelisation muß daher der Stellplatz für ca. zehn bis zwölf Tage bei der Stadtverwaltung gebucht werden.** Die Wahl des Platzes ergibt sich aus der Größe des Zeltes. Ein Beispiel aus einer freikirchlichen Zeltmission:

Zelt 1, 2, 3,
Platzgröße:
25 m x 25 m
Zeltgröße:
Rundzelt mit 15 m Durchmesser
keine Außenverspannung
150 – 300 Sitzplätze
Gerätezelt:
Rechteckzelt 8 m x 5,5 m

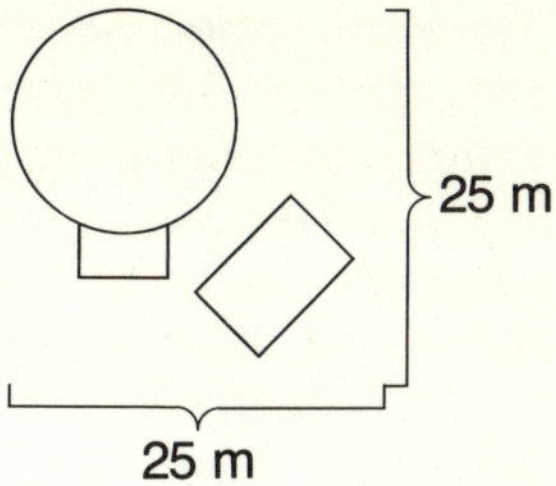

Zelt 4
Platzgröße:
30 m x 30 m
Zeltgröße:
Rundzelt mit 20 m Durchmesser
keine Außenverspannung
200 – 450 Sitzplätze
Gerätezelt:
Rechteckzelt 8 m x 5,5 m

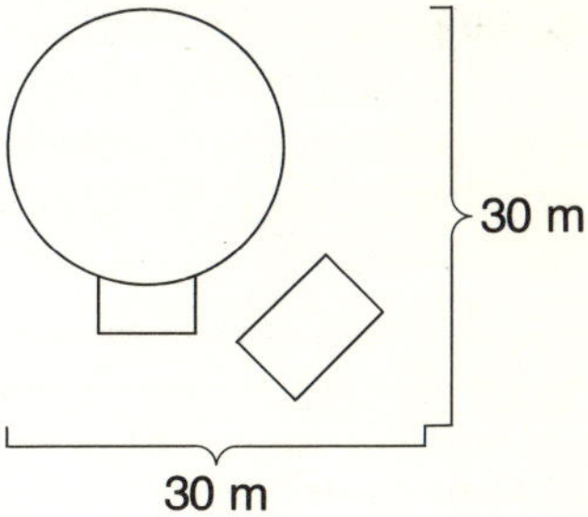

Zelt 5
Platzgröße:
35 m x 35 m
Zeltgröße:
Rundzelt mit 24 m Durchmesser,
keine Außenverspannung
300 – 650 Sitzplätze
Gerätezelt:
Rechteckzelt 8 m x 5,5 m

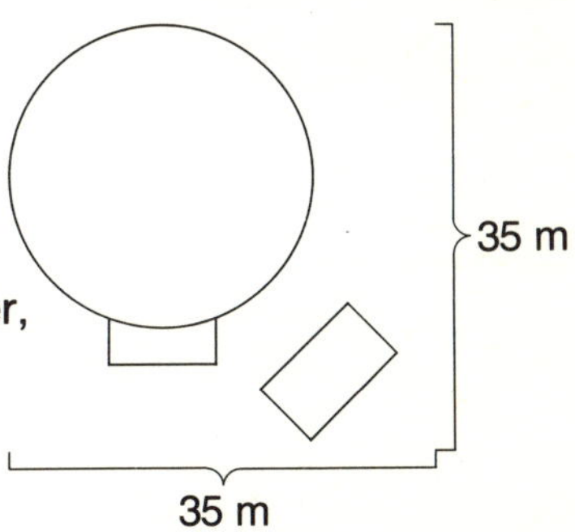

Die Durchquerung des Paragraphen-Dschungels auf dem berühmten „Behördenweg" meistert man als hartgesottener Pfadfinder schon mit drei schlichten Brieflein:

An die
Stadtverwaltung
– Ordnungsamt –

....

Platzbenutzung vom .... bis .... zur Durchführung einer Zeltmission

Sehr geehrte Damen und Herren,
wir planen vom .... bis .... auf dem Platz .... eine Zeltmission durchzuführen. Es kommen ein Rundzelt – .... m Durchmesser, keine Außenverspannung – und ein Beizelt – Rechteck 8 m x 5,5 m –. Die Mindest-Platzgröße beträgt .... m x .... m.

Die Zeltmission ist eine anerkannte gemeinnützige Einrichtung, der Gebührenfreiheit zuerkannt ist.

Wir bitten, uns den Platz in der beantragten Zeit gebührenfrei zu überlassen.

Mit freundlichem Gruß

Wichtig!
In der Zeitangabe die Zeltauf- und -abbautage berücksichtigen!

An die
Stadtverwaltung
– Bauamt –
Abt. Fliegende Bauten

....

Baupolizeiliche Abnahme des Missionszeltes am ....

Sehr geehrte Damen und Herren,
die Evangelisch-Freikirchliche Gemeinde führt vom .... bis .... auf dem Platz .... eine Zeltmission durch. Die Genehmigung des Ordnungsamtes der Stadt liegt schriftlich vor.

Wir bitten um die baupolizeiliche Abnahme des Zeltes am .... Der Zeltmeister wird bei der Abnahme das Baubuch ordnungsgemäß vorlegen. Für eine Terminbestätigung sind wir dankbar.

Mit freundlichem Gruß

An die
Stadtwerke

....

Strom- und Wasseranschluß für das Missionszelt auf dem Platz ....

Sehr geehrte Damen und Herren,
die Evangelisch-Freikirchliche Gemeinde führt vom .... bis .... eine Zeltmission durch. Es wird ein Elektrizitätsanschluß von 20 bis 12 kW Kraftstrom und ein Wasseranschluß beantragt.

Wir bitten, die Anschlüsse am .... bis spätestens 10.00 Uhr herzustellen. Damit beim Zeltauf- und -abbau Schäden an unterirdischen Versorgungs- und Telefonleitungen vermieden werden, bitten wir um eine entsprechende Auskunft.

Mit freundlichem Gruß

Erstaunlicherweise verlangen die Bauämter meist keine Aufstellung eines Toilettenwagens, da im Zelt (normalerweise!) kein Getränkeausschank erfolgt, die offizielle Veranstaltungszeit etwa nur 1 1/4 Stunde dauert und oft der Nachweis einer Toilette in benachbarten Privathäusern genügt. (Für zum Programm anreisende Solisten oder Chöre, die nach manchmal mehrstündigen Autofahrten nirgendwo Hände waschen, Kleider wechseln oder gar ungesehen Wasser lassen können, haben die rauhen Zeltprofis ohnehin wenig Mitgefühl ...).

Sind Ihre drei Anträge bei der Behörde, rufen Sie ein paar Tage später mal an und bitten außerdem, **einen Elektromeister mit dem Verlegen und Anschließen des 10 – 12 kW Kraftstroms zu beauftragen.** Dieser städtisch bestellte Mensch muß am Aufbautag zwischen 10.00 und 12.00 Uhr den Strom von der Abnahmestelle bis zum Verteiler im Gerätezelt verlegt haben. Ein ca. 80 m langes Kabel und den Verteiler bringt das Zelt mit. Am Abbautag sollte er morgens möglichst früh den Stromanschluß wieder trennen.

Fragen Sie schriftlich nach einer Skizze unterirdischer Versorgungs- und Telefonleitungen am Zeltplatz. Natürlich erwartet niemand eine Beschädigung dieser Leitungen bei der Verankerung des Zeltes, aber wenn's denn doch mal passieren sollte, sind Sie versicherungsrechtlich fein raus: Die Zelte sind von ihrem Betreiber haftpflichtversichert. Wenn Ihre 10 bis 15 kräftigen Helfer am Aufbautag den Anweisungen des Zeltmeisters folgen, belangt Sie im Schadensfall niemand und die teure Plane kommt unbeschadet in die Höhe.
Bewacht werden muß sie natürlich auch: Tagsüber während der Essens- oder Stadtbummelpausen der Zeltmannschaft und nachts durchgehend von Ihren Mitarbeitern. **Ein sehr alttestamentliches Erlebnis, so eine Zeltwachen-Nacht: Unter den unzählbaren Sternen vor seinem Zelt zu sitzen und über die am Abend vernommenen Verheißungen nachzudenken ...**

Das Technikerteam wartet nicht etwa nur das Zelt, sondern wartet auch am Abend auf: Durch Mitarbeit am Programm, an

der Seelsorge, an der Mitarbeiterschulung tagsüber, an den Kinderstunden, am Büchertisch. **Die inhaltliche Gestaltung Ihrer Evangelisation sollte also nicht nur mit dem Evangelisten, sondern auch mit dem Zeltmeister abgesprochen werden.** Aber wenn sie dem und seinen Mannen ein nettes Privatquartier möglichst in Zeltnähe, ein gemeinsames transportables Mittagessen im Zelt und vor allem 42 Pfennig Kilometergeld für Stadt- und Besorgungsfahrten geben, läuft auch das sehr kulant.
Ähnlich wie bei evangelistischen Musikgruppen bekommen Sie umfangreiche Vorbereitungsmappen, die alle sonstigen Details regeln.

Übernahme eines Teils der Kosten
Wenn Zeltmissionsleute auf die Frage nach den Kosten mit „hm, das ist verschieden" antworten, dann liegt das nicht unbedingt an dem, was ich im Kapitel „Finanzen" unter „Irrationales" subsummiere. Tatsächlich variieren je nach Einsatzdauer, Zeltgröße und Bezuschussung durch den jeweiligen Kirchenbund die Preise bei der Zeltmission so stark, daß man keine exakten Zahlen bekommt. Ob Sie zehn Abende lang mit einem Redner und Ihrem eigenen Gemeindechor auskommen, oder Abend für Abend neue Musiker, Filme, Redner zur Programmgestaltung anfahren lassen – auch das verändert ja die Bilanz erheblich. Wer denn trotzdem Zahlen hören will: Ich habe bisher von keiner Zeltarbeit unter 5 000,– DM und von keiner über 40 000,– DM erfahren. „Die Betriebskosten des Zeltes werden vom Träger bezuschußt und die Kosten des Programms kommen ja durch Kollekten und Opfersammlungen rein. Sie als Ortsgemeinde sind also weitgehend entlastet."
Das allerdings stimmt nur zum Teil: Woher hat denn z. B. ein freikirchlicher Bund das Geld zur Bezuschussung? Von seinen spendenden Mitgliedern. Von Ortsgemeinden, die einen „Bundesbeitrag" zahlen. Und wenn Sie Freikirchler sind, gehören Sie ja auch dazu. Und wer sind die gebefreudigsten Opfergeld-Werfer an den Zeltabenden selbst? Doch nicht die wenigen gemeindefremden Skeptiker im Publikum, sondern Ihre „treuen" Gemeindemitglieder. Die vielzitierte „Kostendeckung durch Kollekten" haben Sie als Veranstalter also auch mehr oder weniger selbst mitgeleistet.

Was ja nicht verkehrt ist! Ich möchte nur vor Augenwischerei warnen und, zugegeben, ein wenig am Mythos der „billigen" Zeltmission kratzen, die von manchen Pfarrern gern mit anderen Methoden finanziell verglichen wird.

4.9. Freiluft / Open Air

Die Lust an Freiversammlungen, „Jesus-Märschen" und frommen Kundgebungen auf Dorfwiesen oder Marktplätzen hat merklich nachgelassen. O.k., es gibt eine eigene „Freiversammlungs-Missions-Truppe" mit umgerüstetem VW-Bus, es gibt die baptistische „evangelia"-Arbeit mit obligatorischer Stadtdurchquerung – aber seit den Tagen Pater Leppichs und der Einebnung optisch reizvoller „Jesus People"-Straßenaktionen in die institutionelle kirchliche Jugendarbeit Anfang der 70er Jahre hat sich das Verhältnis des Normalpassanten zu frommen Freiluftbekenntnissen irgendwie gewandelt. Weltfern scheint mir, wer noch mit dem Verblüffungseffekt kalkuliert: **Kernkraftprotest und Friedensbewegung haben es – zumindest in den Städten – zu einer bürgerlich locker akzeptablen Sache gemacht, für seine Überzeugung auf die Straße zu gehen.** Was aber auch die Abstumpfung mit sich brachte: Ob es nun Kommunisten, Zeugen Jehovas, Grüne oder Fromme sind, die da ihre Bekenntnisse durchs quäkende Megaphon schicken – **man schaut sich's an, wartet, bis die Straße frei ist und geht weiter einkaufen.** Und da, wo „jeder jeden kennt", in den Dörfern und Kleinstädten, kommen die Jesus-Märsche oder Freiversammlungen kaum über einen „Ach-guck-mal-der-ist-auch-dabei-Effekt" hinaus. Etwas anderes ist die eigene Veranstaltungsform „Missionarisches Straßenfest". Dazu später mehr. Für ein Freiluft-Festival sollten Sie folgendes vorbereiten:

– Auf dem Ordnungsamt bekommt man die **schriftliche Genehmigung** laut Versammlungs- und Demonstrationsrecht normalerweise problemlos erteilt. Man fragt nach dem zuständigen Chef der Polizeidienststelle und spricht den Ablauf der Versammlung oder den Wanderweg der Demo mit ihm durch.

- Ähnlich wie bei der Beantragung von Stellplätzen für Zeltmissionen regeln Sie die technischen Voraussetzungen und **Auflagen des anvisierten Fest-Platzes** (Fassungsvermögen, Parkplätze, Ausgänge/Fluchtwege, Stellplätze für Getränkestände, Bücher- und Plattentische, Buden usw., Starkstromanschluß, Wasserversorgung).
- Fahnden Sie bei benachbarten Kirchengemeinden, Schützenvereinen, Parteien, Tischlern und Holzlieferanten nach **Bühnenbauten aus Holz:** Böcke, Bohlen, Bretter, Platten. Wenn Sie nicht zufällig einen Profi vom Bau kennen, der Ihnen die Verankerung und Konstruktion für mehrere Tonnen Belastbarkeit macht (Klaviere, Gesangsanlagen von Bands, 60-Mann-Chor usw.!), dann müssen Sie eine Gerüstbaufirma beauftragen. Deren Problem: Ihre Stangen sind manchmal auf Stockwerk-Höhe ausgelegt (was für eine sinnvolle Kommunikation mit weniger als 5000 Leuten zu hoch ist) und eine stahlverstrebte nette Bühne in nur 1,50 m Höhe übersteigt seltsamerweise das Verständnis. Da hilft dann die **Pritsche eines LKW's** , soweit sie breit genug ist für das beabsichtigte Programm.
- **Deligieren Sie so viele Aufgaben wie möglich an „Profis“,** die mit den Detailproblemen Erfahrung haben: Die Erbsensuppe mit Würstchen liefert der **„Arbeiter-Samariter-Bund“** oder der **„Malteser-Hilfsdienst“** per Gulaschkanone (oder die benachbarte **Bundeswehrküche,** wenn es nicht gerade eine Kundgebung der Friedensbewegung ist ...), das Sanitäterzelt baut das **DRK** auf und stellt auch die blutdruckprüfenden Betreuer; leckere „Berliner“, Bretzeln oder Apfelkuchen mit Kaffee backt und liefert frisch im nach vorne offenen Wohnwagen **jener Bäcker, mit dem Sie die niedrigsten Preise am kulantesten aushandeln konnten;** einen alkoholfreien Getränkestand macht nach ebenso scharfer Preisabsprache **der örtliche Saftladen; Dritte-Welt-Läden, evangelische Buchhandlungen, diakonische Einrichtungen, Aussteller aller frommen Coleur** – jeder trägt etwas zu Ihrer Open Air Veranstaltung bei und sollte auch mit einer Standgebühr oder einer Mindestabnahme von 20 Eintrittskarten zur Kostendeckung herangezogen werden.
- Planen Sie beim Zeitraster, bei der Aufstellung der Bühne und der damit verbundenen Schallrichtung **die gesetzlich**

verbrieften Mittags- und Nachtruhen des deutschen Bundesbürgers ein! Sprechen Sie offen, aber in der Wortwahl diplomatisch mit der Polizei vorher darüber, daß hier Popmusik, Rock, engagierte Reden oder sonstwas Lautes für alle Anwohner hörbar durch die Stadt schallen wird.

- Bei Teppichgeschäften, Möbelhändlern oder normalen Verpackungsfirmen gibt es **großflächige Plastikplanen,** von denen Sie nie genug haben können: Die Musikinstrumente, die Gesangsanlage, der Büchertisch – praktisch alles muß bei plötzlich einsetzendem Regen überdacht und geschützt werden. Und Ihre Gäste sind dankbar, wenn sie sogar Plastikplanen zum Draufsitzen bekommen.
- Je größer Ihr Open Air Festival ist, je mehr oder weiter angereiste Interpreten Sie im Programm haben, desto nötiger brauchen Sie eine vom Publikumstrubel getrennte „Kommandozentrale", **eine Garderobe, einen gemütlichen Raum zum Beten, Entspannen, Schlafen** und – Geld zählen und aufbewahren ...! Fahren Sie deshalb unbedingt einen geräumigen **Caravan oder Campingwagen** hinter die Bühne, der Wasser und Kühlschrank hat und abschließbar ist.
- Es erstaunt mich immer wieder, wie oft Programme auf Open Air Festivals eingesetzt werden, die dafür nicht geeignet sind: Einen Film um 19.30 Uhr open air zeigen zu wollen, ist Unsinn, da es in den einigermaßen trockenen Monaten des Jahres erst um 21.00 Uhr dunkel wird. Eine Pantomimegruppe nachmittags vor 2000 Leuten spielen zu lassen ist ebenso unsinnig, da die wichtigen Details ihres Mienenspiels, ihrer Finger-Gestik, nicht zu erkennen sind und die atmosphärisch so unverzichtbaren Scheinwerfer, Verfolger-Spots oder Lichteffekte ins helle Sommersonnenlicht strahlen. Einen meditativ vor-sich-hinzupfenden sanften Liedermacher Samstagvormittags für die Fußgängerzone zu buchen, eine Dichterlesung auf den nüchternen Vormittag direkt neben eine Bushaltestelle zu legen – alles das gehört ins Nähkästchen der gutgemeinten Dummheiten.
- Daß ein Klavier sich im Laufe eines windigen Freiluftfestivals bis zum Abend völlig verstimmt hat, daß eben derselbe Wind laute Störgeräusche über die empfindlichen Mikrofone schickt, daß ein lieb gemachtes Kuchenbuffett

im Hochsommer von einer Wespenwolke umgeben ist und die nicht verschließbaren Mülleimer ebenfalls, daß die Ordner argusäugig darüber wachen sollten, ob die gelangweilte Motorrad-Clique nun gerade beim Schluß der Predigt losknattern will, daß man „mal vorbeischauende" ältere Pfarrer, Diakonissen und skeptische Pietisten von vornherein auf etwaige Zuhörerinnen im Bikini vorbereiten muß – das alles gehört zu den unangenehmen bzw. angenehmen Details, an die Sie als Veranstalter von Freiluftversammlungen denken müssen.

4.10. Das missionarische Straßenfest

Fußgängerzone Innenstadt Bamberg. Samstagvormittag. Arno Backhaus erfüllt sich einen lang gehegten Wunsch: Er möchte mit Passanten über das Geschenk Gottes für diese Welt reden, über Geschenke machen und Gaben annehmen. Er möchte mitten im raffgierigen Konsum und Kommerz einer Einkaufsstraße die Leute mal verblüffen und ins Nachdenken bringen. Außerdem interessiert ihn, wie sich ein von allen begaffter und belächelter Penner fühlt.
Also nimmt er einen Schuhkarton, legt 30,– DM in 2,– DM-Stücken, 1,– DM-Stücken, 50-Pfennig-Stücken und Groschen hinein und schreibt mit Filzstift ein Schild: „Ich wurde reich beschenkt. Nimm' Dir was!" Mit diesem Schild und dem Karton voll Geld setzt er sich als „Penner" quasi an eine Hauswand in Bamberg.
Die ersten vorbeihastenden Passanten werfen ihm 20 Pfennig hinein! „Eehh – lesen Sie mal..." – aber da sind die edlen Spender schon weg. Ein junges Pärchen bummelt vorbei und unauffällig läßt der Junge ein Markstück in Arnos Karton fallen. „Hör' mal, Du kannst Dir was nehmen..." – aber auch sie sind schon weitergegangen.
Ein Mann bleibt stehen. „Haben Sie im Lotto gewonnen?!" Er liest das Schild. „Nö, ich wollte nur mal..." fängt Arno an, aber da läuft der Mann schon kopfschüttelnd lachend weiter.
Drei Jungen halten mit ihren Fahrrädern an. „Meinst Du das ernst?" „Ja." Alle drei wühlen im Karton, bis sie die größten Münzen herausgepickt haben. Mit 2,– DM ziehen sie ab. Mittlerweile hat sich eine Menschentraube gebildet. Mit

großem Abstand schauen Neugierige auf das Schild, auf Arno, dann treten einige zögernd näher und nehmen sich verschämt und hastig einen Groschen. „Sehen Sie – deshalb steht in der Bibel ‚Wenn Ihr nicht werdet wie die Kinder . . .!' Die freuen sich unverhohlen über Geschenke und nehmen gleich ein 2,– DM-Stück." Es entstehen innerhalb einer einzigen Stunde zwölf Gespräche. Meist sind es junge Erwachsene, die an Hand von Arnos Kleidung und Aussehen merken, daß das kein normaler Penner sein kann und ihn direkt ansprechen. Zwei Emanzen sind unheimlich begeistert, „finden so eine Symbolhandlung ja gaaanz toll", als im Gespräch das Wort „Jesus" fällt, verstehen sie nur Bahnhof. Kopfschütteln, Unverständnis.
Ein Polizist kommt an. „Stehen Sie auf, hier ist Betteln verboten!" „Ich bettel' doch gar nicht. Lesen Sie mal!" „Ach, das ist doch nur ein Gag . . . Ihre Papiere bitte." „Da muß ich eben ans Auto . . ." „Was, Sie besitzen einen Wagen?" „Ja. Und ein eigenes Versandgeschäft. Sehen Sie das Plakat da drüben? Wir singen heute abend mit unserer Gruppe hier nebenan beim CVJM-Jubiläum."
„Das – das gibt's doch wohl gar nicht . . ."
Weil aber auch Verschenk-Aktionen beim Ordnungsamt angemeldet sein müssen, räumt Arno bereitwillig seinen Sitzplatz in Bamberg. 20,– DM ist er insgesamt losgeworden. Zwölf interessante Gespräche über den Glauben hat es gegeben und unter den 550 Jugendlichen, die abends in unser Konzert kommen, sind viele Passanten aus der Fußgängerzone.
Sie sehen: Es gibt viel zu erleben zwischen Karstadt und Horten.

Wandzeitung weiterschreiben

Sie haben – mit der üblichen Erlaubnis – an einer großflächigen Holzkonstruktion oder an Stellwänden im Stil der Galerie-Paravents Tapetenrollen umgedreht befestigt und mit leuchtenden Wasserfarben, Malkreide oder dickem Plakatstift draufgeschrieben „Gottes Liebe ist wie . . ."; „Ich finde am christlichen Glauben gut, daß man . . ./finde schlecht, daß man . . ."; „Jesus bedeutet für mich . . ." usw. Jetzt stellen Sie einen Cassettenrekorder daneben, lassen christliche Popmusik laufen und fordern mit einem Eimerchen voll Filzstifte die Passanten auf, **die Sätze fertig zu schreiben.** Jeder, der etwas schreibt, bekommt ein Los für die Verlosung einer Schallplatte in der Abendveranstaltung oder im nächsten Jugendgottesdienst. Ganz ruhig bleiben, wenn die ersten vorlauten Schlaumeier „Scheiße", „HSV wird deutscher Meister" oder „Enteignet den Papst" draufschreiben! Gerade die bissigen Bemerkungen führen oft zu bewegten Diskussionen unter den Umstehenden.

Riesenluftballons bemalen

Sammeln Sie große und verschieden geformte Luftballons in Pastellfarben, also weiß, rosa, hellblau usw., so daß ein in kräftigen Farben draufgeschriebener Satz oder ein Symbol (Fisch, Kreuz, PX, Thema der Bibelwoche etc.) auch noch von weitem gelesen werden kann. Wenn Sie einen kleinen Klapptisch mit Sonnenschirm als „Ballonstand" mit genügend werbenden, provozierenden, „frommen" Slogan-Luftballons ausgerüstet haben, **laden Sie Kinder und Jugendliche ein, selbst Luftballons aufzublasen und zu bemalen.** Vor großen Kaufhäusern lassen eilige Mütter ihre Halbwüchsigen gern einen Luftballon bemalen und gehen allein „schnell mal da rein".

Party- und Wasserspiele

Dosenwerfen; vom Apfel abbeißen, der in einer Wasserschüssel schwimmt; Streuselkuchen-Wettessen und anschließend Gedichte vorlesen – **alles, was Sie von Ihren privaten Grill- und Gartenfesten oder aus der Kindergartenarbeit her kennen** und was in der Fußgängerzone realisierbar ist (Pfeilwurf z. B. nicht...!), eignet sich eigentlich auch, um Passanten für zehn Minuten in ein „Straßenfest" zu verwickeln und ihnen einen kurzen, starken Eindruck von Ihrer Kirche zu vermitteln.

Foto-Ausstellung

Ganz vornehm sollten Sie parallel zu den spektakulären Aktionen eine Foto-Ausstellung von Ihren Gemeindegruppen, Aktivitäten und Gottesdiensten auf die Straße stellen. Nur keine falsche Bescheidenheit: Wenn Foto-Schulze die Schnappschüsse des Kleingärtnerballes ins Schaufenster hängt, dann können Sie allemal den letzten Seniorenausflug, das Osterfrühstück vorige Woche oder die Gemeindehaus-Einweihung vorzeigen. **Vor allem Rentner (die beim Einkaufen mehr Zeit haben) stehen gerne vor Ausstellungswänden.**

Waffelbäckerei, Getränke-Stand

Neben oder in der Nähe einer Aktion müssen **„geruchswerbende" Ruhezonen** sein, die Sie mit der Verkaufserlaubnis in der Tasche betreiben, um gerade hier mit Passanten ins Gespräch zu kommen. Wichtig sind entweder vorhandene Sitzgelegenheiten (Blumenkästen, Bänke) oder mitgebrachte Klappstühle, absolute Sauberkeit und Sorgfalt der Bedienenden, Stromanschluß und Müllbehälter.

Volkstanz

Auch wenn niemand aus Ihrer Gemeinde den New Yorker „Breakdance" beherrscht, sollten Sie augenfällige Bewegung in Ihre Werbeaktion auf der Straße bringen: **Eine Cassette israelischer Folklore in die Kiste, Ringelpietz mit Anfassen und los geht's.** Jeder, der schon mal als Tourist in Israel war, tanzt einen „Hava Nagila" mit und beim griechischen „Sirtaki" fällt Ihnen Nachbars Hedwig glatt um den Hals. Volkstanz mit „Live"-Gitarristen aus der Jugendgruppe leidet oft an rhythmischer Ungenauigkeit oder mangelnder Ausdauer, weshalb Sie sich bei den kirchlichen Jugendwerken um Materialstellen nach Volkstanz-Cassetten erkundigen sollten.

Speaker's Corner

Getreu dem weltbekannten Hyde-Park-Modell von London stellen Sie eine Obstkiste hin und schreiben ein Pappschild „Jetzt rede ich!" oder „Was ich schon immer mal sagen wollte:" **Gegen 1,– DM Spende für einen guten Zweck gibt's zwei Minuten Redezeit für jeden, der sich traut.** Auch hier mag ein Mimosenhafter einwenden, was das denn noch mit christlicher Verkündigung zu tun habe. Antwort: Gar nichts! Was Herr Meyerbier sich da auf der Kiste von der Leber parliert, ist völlig wurscht. Wichtig ist, daß er durch Sie das mal durfte und anschließend mit Ihnen darüber diskutiert, von Ihren Mitarbeitern befragt wird und – als ein Beklatschter wohlwollend in Ihre Veranstaltung kommt.

Straßenpredigt

Vorsicht: Steigen Sie auf keinen Fall nach Herrn Meyerbier auf dieselbe Obstkiste und predigen Sie über Joh 3,16! **Diese Kiste ist jetzt als eine leicht augenzwinkernd zur Kenntnis genommene „Bütt" gebrandmarkt. Halten Sie unbedingt Ihre Kurzpredigt. Aber woanders.** Am Getränkestand, an der Ausstellung, nach der Pantomimegruppe oder vor dem Jugendchor. Und: Kommen Sie super durchsichtig gegliedert in allerhöchstens **8 Minuten zur Sache. Einfach, einprägsam, in weltlicher Sprache und mit stimmigen, durchdachten Bildern. Steuern Sie rasant einen gedanklichen Höhepunkt an, zaubern Sie Ihr Kaninchen aus dem homiletischen Zylinder – und Schluß! Wenn's am spannendsten ist, unbedingt aufhören.** Jeder meditative Sonnenuntergang nach Ihrer Hauptaussage ist auf der Straße fehl am Platze!

Straßenmusik

Überlegen Sie gründlich, ob die für einen Abend zum Konzert eingeladene Musikgruppe auch für den Nachmittag in der Fußgängerzone geeignet ist: Singen die Freunde ohne Anlage, sind sie entweder schon am selben Abend heiser oder am nächsten Tag fürs nächste Konzert. Spielen sie mit Anlage, müssen Sie zwei Stunden Vorlaufzeit rechnen, einen so oder so erheblichen Lautstärke-Pegel und – **des „berühmten" Namens dieser Gruppe wegen bleibt nicht ein Passant mehr stehen, als wenn Ihr ortseigener Jugendchor singt. „Berühmt" sind christliche Interpreten nur bei Insidern.** Hinzu kommt die zeitliche Gefährdung der Abendveranstaltung: Soll Band XY mindestens bis 18.00 Uhr in der Stadt spielen (was der Rush Hour wegen ratsam ist), kann sie unmöglich Abbau, Transport, Aufbau, Soundcheck, Abendbrot und geistliche Vorbereitung bis 20.00 Uhr schaffen. Soll sie Samstagvormittag ab 10.00 Uhr in Ihrer Fußgängerzone spielen, müssen entweder Sie für Übernachtung nach der Anreise sorgen oder die Band muß sehr früh aufstehen nach ihrem letzten Auftritt.
Ein lokaler Bänkelsänger, Ihr Jugendchor, die Gemeinde-Band ist fürs missionarische Straßenfest meines Erachtens deshalb besser geeignet, weil sie organisatorisch bewegli-

cher sein kann, weil es mehr auf den Neugierde- und Stehen-Bleiben-Effekt als auf konzertante Höchstqualität ankommt und der Identifikationsgrad mit Ihrer Gemeinde für die Passanten leichter ist.

Pantomime

Wenn sich einer weiße Handschuhe anzieht, zwei geballte Fäuste mit zorneskrauser Stirn gegeneinander drückt, die Hände öffnet und sie mit strahlendem Lächeln zum Gebet faltet – dann ist das nicht Pantomime, sondern frommer Kitsch. Mit dem Boom christlicher Pantomimegruppen in den letzten Jahren kam auch die Inflation der Gesten, die Schwammigkeit amateurhafter Zappelei statt der Präzision professionell-disziplinierter Körpersymbole.
Das mag jetzt arg streng klingen, aber **bei den Pantomimegruppen ist ein umgekehrtes Prinzip wirksam wie bei den Musikgruppen:** Hier ist das Beste, das Professionellste gerade gut genug. Ein nicht ganz hundertprozentiges Lied des Jugendchores, ein zerbröselter Rhythmus, löst meist wohlwollendes Schmunzeln und ein freundlich ermutigendes Anerkennungs-Klatschen aus. („Nu ja, immerhin trauen die sich, hier vor ‚C & A' zu singen, ne? Bravo, Zugabe!").Ein ausdrucksschwacher Amateur-Mime, mehrere undeutliche Gesten oder eine langweilige Phase im Spielverlauf löst komischerweise schnell Ärger aus („Kommt sich wohl gut vor, der Verrenkungs-Heinz da!"). Ich weiß selbst nicht, woran es liegt, **daß Passanten ein schräges Lied „süß" fnden, ein danebengegangenes Pantomimestück aber „doof".** Weil aber Pantomime gerade open air ungeheuer anziehend ist (allein schon die Anwesenheit von weiß bemalten Gesichtern läßt Leute in der Erwartung stehenbleiben, hier passiere wohl gleich was), lohnt es sich für Sie, entweder gute christliche Pantomimegruppen von auswärts einzuladen oder mit Ihrer Jugendgruppe hart zu üben:

– **Eine Stunde vor Spielbeginn** Haare nach hinten oder hoch stecken; Gesicht mit kaltem Wasser abwaschen, damit sich die Poren schließen; „Clownweiß" oder weiße Zinkpaste ohne Klümpchen im ganzen Gesicht gut verstreichen; mit Penaten-Babypuder bestäuben, damit die Zinkpaste durchs Schwitzen nicht zerläuft; zum Pudern keine Watte-Bäuschen benutzen (die fusseln auf der Paste und kitzeln während des Auftritts), sondern Abschmink-Pads; mit dem Fingernagel Augenbrauen, markante Furchen, Augen- und Lid-Linien „vorzeichnen" und anschließend mit Augenbrauenstift oder Eye-Liner schwarz nachmalen; knallroter Lippenstift, der je nach Spielrolle den Mund entweder vergrößert oder verkleinert. Zum Schluß mit Augenbrauenstift die Weißmaske umranden.

– **Zu Straßeneinsätzen fertig geschminkt kommen;** trotzdem Kosmetik-Koffer und vor allem genügend Handspiegel dabei haben; ein kleiner Ventilator ist sinnvoll, wenn es im Auto oder in der Mittagssonne der Maske zu warm wird ...; bis kurz vor den Auftritt Gesichtsmuskeln lockern und die Grund-Mimiken Trauer, Freude, Haß, Liebe, Angst, Langeweile, Ärger, Hoffnung nochmal vor dem Spiegel kontrollieren, weil die Weißmaske ja alles viel pointierter erscheinen läßt; auf der Straße dann ein bißchen Aufwärm-Gymnastik (Profis nehmen sich dafür zwei Stunden!) machen und dann –

– **Action!** Das erste Stück muß als „Aufreißer" zunächst nicht mehr leisten, als Leute zu fesseln, zu faszinieren. Würde man sofort mit tiefsinnigen christlichen Verkündigungsinhalten anfangen, bekämen die Nachströmenden nur die Hälfte mit. Also: Witzige oder dramatische Slapsticks. Chaplineske Nummern, die den Charme und die Geschicklichkeit der Spieler beweisen. Die Pantomimen müssen so stehen, daß sich vor ihnen ein Halbkreis bildet und möglichst keiner hinter ihnen ablenkt bzw. die Mimik verpaßt. Straßencafes und Biergärten in der Nähe sind ein zweischneidiges Schwert: Einerseits hat man dadurch mehr Publikum, andrerseits stört die lärmende Betriebsamkeit zum Schluß bei spannenden oder meditativen Stücken sehr! Ebensoviele Mitarbeiter wie Spieler sollten als „Bodyguards" unterm Volk vorbeugend dafür sorgen, daß keine Betrunkenen, Penner, randalierende Selbstdarsteller oder Sektenleute auf die Spielfläche kommen oder lautstarkt stören.

– **Inhalt!** Nach etwa zehn bis fünfzehn Minuten Aufreißerei sollten jene Stücke kommen, die Gleichnisse Jesu oder biblische Geschichten erzählen, die allgemeinverständliche Symbole verwenden (knien, beten, sich umarmen, weinen, trösten usw.) und sehr konzentriert und eindeutig eine Aussage rüberbringen. Auch bei der Darstellung von Alltagsproblemen (Hektik, Streit, Geldmangel, Neid, zerbrochene Liebe usw.) **nicht zu lange bei der Problembebilderung bleiben, sondern die kräftigsten Gesten auf die Aussage, die Lösung, die Antwort, das Evangelium konzentrieren.** Nun kommt auf die Bodyguards im Publikum noch eine Aufgabe zu: Sie sind „objektive“ Beobachter der Spielszene, beobachten die Reaktion des Publikums und geben durch vorher vereinbarte Handzeichen den Mimen zu verstehen, ob sie aufhören sollen, ob ein kürzeres Stück eingeschoben werden muß, ob eine Pause dran ist usw. Einer der Mitarbeiter kann auch unauffällig als Szenen-Souffleur am Spielflächenrand sitzen.

– **Tempo!** Kein noch so aussagekräftiges Stück darf auf der Straße länger als acht Minuten dauern. Wer den ganzen Heilsweg Gottes mit seinem Volk Israel darstellen will oder alle Missionsreisen des Paulus spielen möchte, soll bitte zu Hause Pantomime machen. Nur wer alle Abläufe, Mimiken und Gesten topfit im Kopf hat, alle Utensilien griffbereit legt und selbst bei Stürzen, Kämpfen, Tanzdrehungen noch seine Zuschauer im Auge behält, behält auch ihre Aufmerksamkeit. Weil der Zuschauer ja durch eigenes Denken den Bewegungen eine Deutung gibt, ist es sehr anstrengend, einer Pantomime zuzuschauen!
– **Höhepunkt, Aussage, Schluß!** Wie bei der Straßenpredigt soll nach dem Gipfel bitte kein Abstieg mehr kommen. Wissen die Zuschauer nicht recht, ob das Stück schon zu Ende ist oder ob der Gang des Hauptdarstellers zum Cola-Stand noch dazugehört, dann müssen die „Geheimagenten“ im Publikum eben den Applaus eröffnen und durch ihr Klatschen das Ende besiegeln. **Sofort auf Interessierte zugehen und ein Gespräch anfangen.** Die Pantomimegruppe muß sich schnell aufteilen und unters Volk mischen – Lagebesprechung später! – um sofort ansprechbar zu sein. Jetzt gehen die ungeschminkten Mitarbeiter mit Einladungszetteln oder „geistlichem Hasenbrot“ durch die Menge. (Und was das ist, steht auch im Kapitel „Nacharbeit“.)

5. Mit wem ist noch zu rechnen?

5.1. Hausmeister, Küster, Kastellane

Im Umgang mit den Hallen- und Saalverwaltern, Kirchen-Gemeindehaus-Küstern oder – freikirchlich gesprochen – „Kastellanen" (bayr./fränk. auch „Messmer" genannt) gilt dasselbe wie für die DDR-Unterhändler einer Regierung: Ein falsches Wort – und nichts geht mehr!

Ich habe etliche menschlich große, wunderbar geistlich mitdenkende Küster erlebt. Doch hält es die überwiegende Mehrzahl von ihnen für ihre berufliche Pflicht, den Saal vor Benutzung zu schützen. An ihrem kategorischen „nicht hier!" oder „heute nicht mehr!" prallen alle entrüsteten Hinweise auf den gezahlten Mietpreis, die christliche Zielsetzung oder gar verbale Kraftmeierei ungehört ab. Sogar Pfarr-Herren, die sich als Vorgesetzte ihres Gemeindehaus-Verwalters verstehen und dementsprechend imperativ für ihre geplante Veranstaltung kämpfen, kann ich nur warnen: der Hausmeister denkt in den Äonen seines Gebäudes. Und das heißt: Pastoren kommen und gehen, dieses Haus (und ich) bleiben. Christliche Hausmeister, das ist leider die Erfahrung von nahezu 13 Jahren Konzertreisen, sind da manchmal ebenso pingelig, wie Schulhausmeister, obwohl sie doch pro Tag weit weniger negative Erfahrungen sammeln als diese. Der einen Schlüsselbund laut um den Finger schwingende „raus jetzt"-Rufer in einer Gebetsgemeinschaft; die um zwei Minuten vor acht in der Sakristei eingeschlossene Gitarre; in Eigeninitiative abgeräumte Gesangsanlage mit infolgedessen auseinandergebrochenem Mischpult; die strikte Weigerung, einem Fremden den Sicherungskasten zu öffnen, obwohl 300 Leute im Dunkeln sitzen; die gesperrte Empore trotz 400 nachdrängender Besucher im Regen – all das gehört in meine selbsterlebte Erfahrungssammlung mit christlichen Hausmeistern. Christlichen, wohlgemerkt.

Je besser Ihr Verhältnis zu ihm schon vor der Veranstaltung ist, desto reibungsloser wird sie verlaufen. Nehmen Sie sich unbedingt Zeit, dem Hausmeister einer Halle das

Anliegen ihrer Veranstaltung klarzumachen und ihn dafür zu gewinnen. Egal ob er KPD'ler und Sie EC'ler sind. Ob er Anthroposoph und Sie Baptist sind – immer gibt es gemeinsame Anknüpfungspunkte, wegen derer er mehr als nur Dienst-nach-Vorschrift machen könnte. Ein Trinkgeld unmittelbar vor der Veranstaltung tut dann ein übriges und wenn Sie eine Woche nach der Veranstaltung nicht vergessen, ihm telefonisch oder besser schriftlich nochmal zu danken, haben Sie ihr nächstes Projekt in seiner Halle schon halb gewonnen.

5.2. Wer ist der Wortgewaltigste? Vom Umgang mit Verkündigern

Auf die weitverzweigten strukturellen Probleme zwischen einer Gemeinde und ihrem Pfarrer, Pastor, Prediger kann ich im Rahmen eines „Veranstalterhandbuches" natürlich nicht eingehen. Wird im folgenden von ihnen gesprochen, ist immer nur der an einem Abend als Gastreferent, als zugereister Evangelist tätige Verkündiger gemeint.

Vorab: Es gibt ganz viele umgängliche und verständnisvolle Evangelisten! Ich schreibe diese für ahnungsvolle Leser unheilschwangere Kritik an den Wortgewaltigen nicht als jemand, der in der Veranstalterposition oft genug hinter der Bühne mit ihnen klar kommen mußte, oder als jemand, der in der Musikerrolle oft genug auf der Bühne neben ihnen stehen und bestehen mußte, sondern ich schreibe das als jemand, der oft genug selbst mit folgendem konfrontiert wird:

In pietistischen Kreisen werden an den Prediger einer Evangelisation Erwartungen herangetragen, die in den meisten Fällen überhöht sind: Er soll spannend und bildhaft erzählen können wie der Leiter eines Pfadfinderlagers. Er soll dabei aber theologisch deckungsgleich zur Prägung des jeweiligen Veranstalters die Bibel auslegen. Er soll „vollmächtig" die Menschen zu Christus bringen und „viele herzuführen", wie John Wesley, Charles Spurgeon und Wilhelm Busch zusammen. Er soll aber weder Intellektuelle noch Bildungsbürger in ihrer ästhetischen Mimosenhaftigkeit verletzen, sondern ein appetitlich amüsanter Gesprächspartner bleiben. Er soll seelsorglich die Problemfälle der ganzen Gemeinde „bewältigen" helfen und jahrzehntelang schiefgelaufene Entwicklungen der Kirche korrigieren. Er soll das alles aber, ist ja klar, in nicht mehr als 20 Minuten tun. Herzlich willkommen, Bruder XY, und nun – Bühne frei!

Ist der arme Verkündiger dann vier Abende lang abwechselnd auf den Bibeltext, die Tageszeitung und die „vertraulichen Hinweise" des Veranstalters eingegangen, hat mal farbiger, mal blasser seine notorischen Erstens, Zweitens, Drittens abgefackelt, dann fragt ihn der Veranstalter frei heraus oder von hinten durch die Brust ins Auge: „Und was bleibt nun, Bruder XY...?" Wieviele „Erstbekehrungen", „Neu-Hingaben", „Aussprachen" hat es denn nun gegeben? In Freikirchen: Gibt es schon konkrete „Taufmeldungen?"
Eine christliche Musikgruppe hat es da erheblich leichter: Bei manchen Veranstaltern reicht es schon, wenn sie nicht laut war. „Wie fanden Sie die Aussage von Gruppe Soundso?" „Och, eigentlich gut. Man konnte ja den Text verstehen!"

Nein, die volle Last des geistlichen Erwartungsdrucks bleibt vielerorts doch auf den 20 Minuten des Predigers hängen. Die Band, den Chor, den Solisten mißt der Herr Veranstalter an der Länge der Haare, der Buntheit der Bluse oder der Anzahl von Mikros. Den Verkündiger aber – den mißt er an der „Frucht"!
Damit wir uns recht verstehen: Auch ich bin der Meinung, die geistliche Frucht einer Verkündigung müsse irgendwo mal sichtbar, faßbar werden. Die Wirkungen des Evangeliums müssen für die Ortsgemeinde irgendwann dingfest gemacht werden können. Wer wünscht sich nicht, daß die Jugendgruppe zehn neue Leute hinzugewinnt, daß der Gottesdienstbesuch steigt, daß der Dorfsäufer ins Therapiezentrum und der Friede Gottes in die Ehen und Familien einzieht?
Gegen den latenten oder ausdrücklichen Anspruch des Veranstalters an den Evangelisten, diese „Früchte des Geistes" durch seine Predigten zu „schaffen", wehrt er sich aber nun unterschwellig.
Den überhöhten Erfolgszwang, den der Prediger zwar intellektuell-theologisch weit von sich weist, aber insge-

heim gefühlsmäßig ja doch sogar selbst an sich stellt, erträgt er nur – indem er sich nun seinerseits überhöht!

Da treten normal durchschnittliche Geister mit einer Aura aus „König, Priester und Prophet" auf, daß allen Umstehenden Hören und Sehen vergeht. Der Mann wirkt autoritär, ist selten kompromißfähig, reagiert kleinlich, gibt sich aber weltmännisch souverän. Mit überlegenem Lächeln quittiert er, was er faktisch nicht verstanden hat und mit jovialem Schulterklopfen geht er über handfeste Widersprüche hinweg. Von der Kanzel trompetet er Behauptungen, die im Alltagsklein des Gemeindelebens nicht einhaltbar sind. „Komm und sieh!" lautet seine Einladung, aber Ihnen als Veranstalter mit Kenntnis der örtlichen Gemeindesituation wird schwarz vor den Augen. Stellt sich der Kreis junger Erwachsener Ihrer Gemeinde nicht enthusiastisch genug hinter die Evangelisation, denkt der Herr Evangelist laut darüber nach, „hier nochmal in einer Bibelwoche den Laden auf Vordermann zu bringen". Überhaupt schwärmt er gern von früheren Arbeiten, und daß es bisher überall „besser lief" als bei Ihnen. Geistliche, menschliche und organisatorische Bedingungen stellt er mit einer Unbedingtheit, die den Ortspastor erzittern lassen.
Die Quelle vieler Konflikte zwischen Veranstalter und Prediger, zwischen Ortspfarrer und Evangelist: Der eine hat die Detailkenntnis der Ortssituation auf seiner Seite („Bei uns hier, lieber Bruder XY, ist es aber nun so, daß ..."), der andere die Routine und den überregionalen Vergleich. („Meine Güte, erst vorige Woche ging es genauso ...").

Der Evangelist hat in der Tat -zig Gemeinden Fehler machen sehen, die heute abend und hier ja nicht wiederholt werden müssen. Deshalb stellt er seine auf den erste Blick krämerhaft wirkenden Forderungen („keine Bands!"; „nur Ordner ab 18!"; „kein Chorlied mehr nach der Predigt!") mit dem ganzen Gewicht seiner Erfahrung. Daß es aber eben nur seine Erfahrungen sind – diese Selbstbescheidung gelingt nur etwas großzügiger ausgelegten Geistern. **Das sind diejenigen Evangelisten, die sich die Situationsbeschreibung des Ortspastors nicht nur mitleidvoll anhören, sondern ihr Manuskript tatsächlich daraufhin umschreiben.** Die einem Chorleiter oder einem Liedermacher auch um 19.00 Uhr

schon detailliert sagen können, worüber sie wie predigen werden, so daß dieser die Lieder darauf einstellt. (Und nicht, wie es mir als Musiksolist eines Abends erging, beleidigt ausrufen: „Wie soll ich Ihnen voraussagen, zu welchen Hauptaussagen mich der Geist Gottes auf der Kanzel inspiriert?!" – spätabends beim Veranstalter dann aber lamentieren: „Also, von dem Lied aus hatte ich ja überhaupt keine Brücke zum Thema der Predigt...")
Das sind auch diejenigen Evangelisten, die es nicht unter ihrer Würde finden, ihrerseits den Chorleiter oder die Band zu fragen, welche Songtexte man in der Predigt nochmal aufgreifen und verstärkend zitieren könnte.

Sehr aufschlußreich für Veranstalter, Mitarbeiter und Musikgruppen ist es auch immer, wann der Wortgewaltige im Saal erscheint und wie er sich ganz praktisch technisch auf seinen Part vorbereitet. Man verzeihe mir, ein Beispiel aus eigenem Erleben zu zitieren: Weil wir als Band zugesagt hatten, um 19.30 Uhr zehn Lieder in einem Dorfgemeinschaftshaus am Stadtrand von Freiburg zu singen, stand ich um 7.00 Uhr in Hamburg auf, fuhr inklusiv Essenspause achteinhalb Stunden in den Südschwarzwald, traf dort unsere Band, wir lernten beim Kaffeetrinken die Jugendgruppe der Gemeinde etwas kennen, bauten die Gesangsanlage auf, probierten Licht und Akustik des Saales aus, ich wusch mir die Haare, zog mich um, sprach mit dem Ortspfarrer das Programm durch. „Es wird noch ein Evangelist sprechen. Er wohnt hier zwei Ortschaften weiter; kommt aber wohl gleich..." Um 19.20 Uhr – wir sind gerade in einer Gebetsgemeinschaft – kommt der benachbart wohnende Herr Evangelist rein und fragt „Welches ist mein Mikrofon?"
Beobachten Sie mal, wie viele Redner einen halben Meter neben, über oder unter ihrem Mikrofon stehen! Und fragen Sie Herrn Missionsinspektor mal spaßeshalber, ob er den Unterschied eines „Schwanenhalses", eines „Galgen"-Ständers und eines fest in der Kanzel verankerten Mikrofons kennt. (Einen Schwanenhals kann er während der Predigt flexibel herumbiegen, bei einem Galgen muß er wissen, wo die drei Schrauben zum Verstellen sind und weil ein Kanzelmikrofon außer der Predigt auch Klopf-, Kratz- und Raschelgeräusche überträgt, muß er sich da etwas feinfühliger bewe-

gen). Ob ein von Scheinwerfern hell angestrahlter Referent seinen abgedunkelt sitzenden Zuhörern noch in die Augen schauen kann; ob ihn das Rauschen der Verstärkerboxen oder das der Klimaanlage stört („Und nun schreibt Johannes im vierten Kapitel – meine Güte, da rauscht doch was!!"); ob ihm ein Notenpult zur Ablage von Bibel und Manuskript genügt oder ob er ein breites Dirigentenpult braucht; ob er den Overheadprojektor (Tageslichtschreiber) richtig eingestellt hat und ob jemand das Saallicht ausmacht, sobald die Dias kommen – das alles könnte der Verkündiger vorher ausprobieren, wenn er nur halb so fleißig auch um die kleinen Dinge bemüht wäre wie der Veranstalter und, sorry, die Musiker...

Ich habe in zwölf Jahren Konzerterei nur zwei Evangelisten getroffen, die sagten: „Vieles von der Unnahbarkeit und Hoppla-jetzt-komm-ich-Mentalität mancher Evangelisten ist schlicht Angst und Neid um die Publikumsgunst. Mensch, bei aller Theologie: Auch ich möchte gerne ‚ankommen' bei den Leuten. Und jetzt soll ich direkt nach einer fantastischen Rockband oder einem wunderbaren Jugendchor predigen? Der Saal ist voll junger Leute, die vor Begeisterung kochen? Da muß ich ja wie Tarzan auf die Kanzel springen, um die Atmosphäre zu halten. Muß Bonmots und treffsichere Rhetorik wie ein Showmaster beherrschen, um nicht als klerikaler Langweiler dazustehen! Schaffe ich das nicht und falle formal oder sogar inhaltlich gegenüber anderen Programmgestaltern ab, mache ich aus der Not eine Tugend und sage: ‚Tja – das Skandalon des Kreuzes ist eben kein Ohrenjücken...' "

Wie gut die atmosphärische und inhaltliche Verzahnung von Musik und Predigt gelingt, hängt ganz entscheidend davon ab, wie sich die Musikgruppe und der Referent vor Programmbeginn begegnen!
Kommt der Herr Evangelist mit der Haltung eines Moses-am-Sinai in die Sakristei oder Bühnengarderobe gerauscht, werden die gedeckelten kleinen „Krachmacher" an ihren Gitarren zwangsläufig hinterfotzig oder fies sticheln. Signalisiert er ihnen aber „Ich nehme Euch als integralen Bestandteil der Verkündigung ernst" oder „ich mag sogar Eure Songs" – ist ein harmonischer Abend schon zur Hälfte gesichert.

Andersherum: Ein Jugendchorleiter oder Bandchef, der den hereinkommenden Evangelisten als lästige Antiquität links liegen läßt oder ihn schon vorab vergattert – mit grinsendem Blick auf die blaukarierte Krawatte – ja nicht die Redezeit zu überziehen, der braucht sich über ironische Nebensätze und rachedurstige Seitenhiebe während der Predigt nicht zu wundern. Signalisieren die Musiker aber „wir brauchen Deine Ergänzung; wir wollen Dir bewußt zuarbeiten" – ist ihnen das großmütige Zugeständnis einer Zugabe schon so gut wie sicher...
Haben Sie ihn lieb, den eingeladenen Redner!

5.3. Herr über Höhen und Tiefen
Der leidgeprüfte Tontechniker

Noch barmherziger als mit dem Evangelisten sollten Sie mit jener bewundernswerten Spezies Mensch umgehen, die man am verschwitzten Hemd, an den Kabelresten im Mund, Lötkolben in der Hosentasche und am Achselzucken erkennt: Es ist der Tontechniker, auch „Soundmixer" oder „Mixer" geheißen. Er schleppte nämlich die Boxen, elektronischen Klaviere, Stative und Kabelkisten, feilschte mit dem Hausmeister um Drehstromanschluß und rausgeflogene Sicherungen, reparierte in letzter Sekunde einen Verstärker, während die Sänger beteten und aßen (oder nur aßen...) und – versteht nicht, wie man in so einem Saal ein Konzert veranstalten kann. **Auf ihn, den Fleißigsten, den Mächtigsten, den Unsichtbaren, vereinen sich die Erwartungen, Irrtümer und Aggressionen aller:** Dem Herrn Pfarrer ist allein schon die anglophile Sprache dieser Leute unangenehm. Ein Prediger, der an langen Samstagabenden bei der Predigtvorbereitung um jedes Adjektiv ringt, schnappt zwei Stunden lang nur „P. A.", „Keyboard", „Equalizer", „Harmonizer", „Effekt-Rack", „Feedback", „Flanger" und „D. I.-Box" auf. „Power" statt „Lautstärke", „Delay" statt Verzögerung. Was er für eine „Trommel" hielt, ist eine „Snare" und ein eindeutig als „elektronisches Klavier" zu erkennendes Gerät heißt in Wirklichkeit „Fender Rhodes". Während Boxentürme und Mikrofonwälder zunehmend den Altarraum verbauen und sich Kabelstränge wie zur Versorgung eines ganzen Stadtteils durch die Stuhlreihen schlängeln, kommt dem Veranstalter wie dem Hausmeister fortwährend eine Frage in den Sinn: „Muß das sein?!" Hat er nicht neulich hier ohne Verstärkung vor dreihundert Besuchern gepredigt?

Und da fangen die Mißverständnisse an: Weil es im Deutschen für eine Fülle sehr differenzierter Elektronik nur den völlig unzutreffenden Begriff „Verstärker" gibt, meint ein beobachtender Laie, alle Gerätschaften, die da hereingewuchtet werden, dienten ausschließlich der Verstärkung. Er malt sich also aus, wie laut das wohl werden wird und bekommt schlichtweg Angst. **(Das sollten die Tontechniker übrigens ebenso barmherzig bedenken: Allein das Ausladen und Reintragen der Anlage meldet dem Beobachter schon ins Unterbewußtsein „heut' abend wird es zu laut"!!) Dabei geht es in erster Linie nicht um „Verstärker", wie uns unsere Sprache narrt, sondern um „Hörbarmachen von Instrumenten, die nicht selbst akustische Resonanz besitzen".** Im Gegensatz zu einer Violine mit Resonanzkörper ist ein E-Baß ein Brett, eine E-Gitarre ein Brett, ein elektronisches Klavier ein Brett. Nur über eine „Endstufe" (das ist noch am ehesten der klassische „Verstärker"), über Kabel und Boxen lassen sich diese Instrumente hören. Und das Schlagzeug, die akustische Gitarre, die Stimmen? Sie würden ohne Mikrofon und Mischpult völlig unkontrollierbar zu diesen elektronischen Instrumenten dazu kommen. Ein Schlagzeug, das nicht per Mikrofonabnahme durchs Mischpult geht, ist wie ein Gemüseeintopf, den man auf den Tisch schüttet. Guten Appetit! Besser wäre es, man könnte Fleisch und Kartoffeln, Möhren und Bohnen voneinander getrennt in Schälchen stehen haben und sie sich nach Belieben auf dem Teller zusammenstellen. Deshalb: Mikro vor der Akustikgitarre, vor den Mündern der Singenden, sogar vor der Querflöte oder der Posaune. **Jeder Ton soll getrennt vom anderen „bearbeitet" werden können** (Bässe drauf?, Höhen dazu?, Hall weg?, stereo nach links, nach rechts?) **und dann am Mischpult wieder zu einem Gesamtklang zusammengemischt werden können. Dieser kontrollierte, bearbeitete und „gemixte" Zusammenklang heißt bei den Tontechnikern „der Sound".** Wie die steril am Mischpult

sinnvoll scheinende Abstimmung aller Instrumente und Stimmen nun wiederum in speziell diesem Saal klingt – das muß man austesten. Zwischen 16.00 und 20.00 Uhr. Da muß die Grenze nach oben (Pfeif, Kreisch, Aua) und die Grenze nach unten überschritten werden (Brumm, Wummer, Dröhn), da muß geprobt werden, ob auf möglichst jedem Sitzplatz möglichst jedes Instrument differenziert gehört wird. Ob der Text verständlich ist, ohne daß eine Dichterlesung mit zufälliger Musikbegleitung dabei herauskommt. Ob sich die Bühnenakteure auch selbst gut hören können, damit Intonation und rhythmische Exaktheit gewährleistet sind (es wird also nochmal ein extra „Monitor-Mix" gemacht; die Abstimmung der Instrumente und Stimmen in den kleinen zur Bühne gerichteten Boxen).
Mißverständnis Nr. 2: So wie bei diesem erschrecklichen „Soundcheck" werde es heute abend klingen; dieser erste Gesamtklang am späten Nachmittag sei die Visitenkarte der Musikgruppe. Mitnichten, werter Jugendleiter. **Das Sinnvollste, was Sie während der Klangregelung tun können, ist zu verschwinden! Verzeihung, aber so ist es.** Und nehmen Sie doch für die folgende Stunde gleich alle Gemeindeschwestern, Chorleiter, Rentner, Hausmeisterfrauen, Konfirmanden und sonstige an Kommentaren reiche Zaungäste mit. Es ist für den Tontechniker sehr schwer, die Raumakustik auszuloten, wenn aus einem permanenten Volksgemurmel der neugierigen Mitarbeiter dauernd die lauten „Huchs!" und „Ohs!" dazwischenklingen.

Ist der Klangphilosoph vor den Gerätschaften, die Ihnen mittlerweile wie ein Boeing-Cockpit beim Nachtflug vorkommen, auch dann noch nicht fertig, wenn draußen schon die ersten zweihundert Karteninhaber an die Glastür drücken, dann – halten Sie die Karteninhaber hin! Sind die nämlich erstmal im Saal, kriegt der Tontechniker das unerklärliche Brummen erst recht nicht mehr geortet und die Zuhörer erleben ein qualitativ minderwertiges Konzert.
Irgendwann wird es aber doch 20.00 Uhr, das erste Lied donnert in den Saal und wild gestikulieren die eben noch so freundlichen Musiker ins Publikum. Pantomime? Nein, sie wollen nur ihrem Tontechniker begreiflich machen, wie sie sich jetzt hören, was geändert werden muß. Der Sänger hört

seine Gitarre nicht, der Gitarrist hört nur Klavier, der Pianist will mehr Hall, dem Schlagzeuger hallt es zu stark, der Bassist hat den Einsatz verschlafen, weil er den Gesang mit zwei Sekunden Verspätung von der Saal-Rückwand kriegt. Lied Nr. 2 dient also der Korrektur des Monitor-Mix.

Da gestikuliert in der letzten Reihe plötzlich Presbyter Müllerschulz. Ein Charismatiker? Nein, er versteht nur den Text nicht. Zwei beherzte Hörer von der Empore scheuen nicht Weg noch Mühen, sich zum Tontechniker durchzudrängeln, um ihm „eine leichte Baßlastigkeit" zu vermelden. Daraufhin Lisbeth Meyer direkt neben dem Mischpult: „Im Gegenteil, hier klingts eher metallisch hell..."

Mißverständnis Nr. 3: Ich weiß doch, wie das angenehm klingen würde und sag' das am besten gleich dem Mann am Mischpult! Bitte bedenken Sie aus Gründen schierer Barmherzigkeit folgendes: **Zwei Lieder braucht er für den Bühnensound, die nächsten zwei für den Saal-Sound.** Nach 15 Jahren rasanter technischer Entwicklung auf dem HiFi-Markt haben sich die Qualitätsansprüche junger Leute, ihre Hörgewohnheit, ebenso rasant entwickelt. Wer per „Walkman" im Autobus und auf dem Klo superbrillante Stereo-Abmischungen erstklassiger Studioproduktionen hören kann, ist nicht bereit, stundenlang Klangbrei zu ertragen, nur weil es in der Kirche ist.

Der Tontechniker steckt also zwischen dem Erwartungsdruck junger Zuhörer und den (oft miesen) Gegebenheiten der Halle, zwischen den Forderungen der Band nach „sicherem feeling" auf der Bühne und den Forderungen des Veranstalters nach Textverständlichkeit und persönlicher Atmosphäre. Er muß auf jedes Augenrollen der Herren Sänger reagieren und kann nicht mit jedem Besserwisser diskutieren, wo er denn gerade sitzt und was genau er schlecht hört. Macht er einen gravierenden Fehler – verursacht also eine pfeifende Rückkopplung oder kriegt eine penetrant sich hochschaukelnde Einzelfrequenz nicht weg (den sogenannten „Ring") – dann sitzen plötzlich zweihundert Amateur-Tontechniker um ihn herum, die es alle besser könnten!

Und schließlich gibt es kaum was Subjektiveres als Klangempfinden. Mal ganz unabhängig davon, daß sich ältere Leute mit traumwandlerischer Sicherheit erstmal direkt vor die Boxen setzen; unabhängig auch davon, daß sich die HiFi-Freaks ebenso todsicher auf Emporen, Seitengänge, Randsitze usw. verkriechen – was „zu laut", „schmerzhaft" usw. ist und was nicht, das wissen viele Besucher schon lange vor dem ersten Ton! Bitte seien Sie jetzt mal sehr, sehr aufrichtig: Die Sechzehn-Fuß-Pfeife einer mit vollem Werk gespielten Kirchenorgel läßt jede Bank erbeben und schlecht verkittete Fenster splittern. Die Solo-Trompete eines großen Posaunenchors piekst in den Höhen mindestens ebenso schmerzhaft wie die E-Gitarre. Da ist Presbyter Müllerschulz aber jedesmal ganz gesegnet, da läuft ihm „ein heiliger Schauer" den Rücken runter und darüber hat noch keiner ein Traktat geschrieben. Aber wehe, die original selbe Schwingung wird von der Baßgitarre ausgelöst! Da bringen die kultivierten Popmusikgegner sexuellen Stimulans ins Gespräch und die primitiven erzählen von Okkultismus und „förmlich spürbaren Finstermächten". Wird dem dergestalt geschulmeisterten Tontechniker dann noch zu bedenken gegeben, ob er vom vielen Soundmixen nicht schon leicht schwerhörig sei, und eigentlich gar nicht klangregeln sollte, da er alle Texte kenne, – dann muß der Gute sich schon schwer anstrengen, nicht zum steigenden Agressions-Stausee zu werden. Ein Blankoscheck Gnade also für alle Tontechniker?

Keineswegs. Unter den paar hundert christlichen Bands, Jugendchören und Liedermachern im deutschsprachigen Raum sitzen auch waschechte Spinner an den Pulten. Das will ich gar nicht kaschieren. So von Glanz und Größe ihres 60 000,–DM-Spielzeugs eingenommen, so von den neuesten elektronischen Neuerungen der neuesten japanischen Firmen fasziniert, so von Verbesserungen und für normalverbrauchende Ohren nicht mehr hörbaren Verfeinerungen geistig beschlagnahmt, daß ihnen Veranstalter, Mitarbeiter, Besucher, geistliche Atmosphäre und seelsorgliche Nöte glatt abgehen. Kein Unterscheidungsvermögen für geistlich und menschlich Wichtigeres als den „Sound", ihr goldenes Kalb. Kein kritischer Abstand auch zu den ständig zitierten

„säkularen Profis", bei denen allerwegen alles besser, teurer, leichter geht. Als hätten wir noch nie Mulm und Pfiff, Sound-Chaos und komplette Ausfälle bei Udo Lindenberg und Nena, Peter Maffay und Chikago erlebt...

Aber weil auch er, der technikgläubige Lötkolbenfuzzi, morgens früher aufstand als Sie, tagsüber länger im Auto saß als Sie, schwerer schleppte als Sie und nachts später ins Bett kommt als Sie, weil er öfter angegiftet wurde und außer für Ihre Veranstaltung ja auch noch für seine Band verantwortlich war – deshalb sollten Sie selbst mit ihm noch barmherziger sein als mit Hausmeistern und Evangelisten...!

6. Was hält Leib und Seel zusammen?

Essen und Schlafen

„Nicht der Rede wert“ denkt der Herr Pfarrer, wenn es um „solche Äußerlichkeiten“ geht und deshalb bereitet ihm die inhaltliche Gestaltung des Gottesdienstes („paßt Strophe 4 wirklich zu Epheser 4,32?“) viel eher eine schlaflose Nacht. Seine mangelnde Sorgfalt macht aber den anderen ebenfalls eine solche.
Egal, ob Sie einen Afrikamissionar für einen Vortragsabend oder eine 800-Mann-Konferenz für vier Sitzungstage in Kost und Logis haben: Nirgendwo sonst geben Sie als Veranstalter derart offensichtlich Ihre ganz persönliche Visitenkarte ab wie beim Essen und bei der Quartierfrage. Es geht nicht um Luxus. Verstehen Sie mich im folgenden bitte richtig: Es geht um die Atmosphäre und die Art einer Begegnung.
Wer für Gespräche, wenige Gäste, Gebetsgemeinschaft und Kennenlernen vor einer Veranstaltung keinen einladenden Rahmen schaffen kann, kann es für Seelsorge-Suchende nachher und für viele Anschlußbedürftige in den folgenden Monaten wahrscheinlich auch nicht!
Es wundert mich, wieso die Baptistenjugend in X-Dorf in einer schmuddeligen Messehalle eine liebevoll hergerichtete Tafel mit Gulaschsuppe und farbig garnierter Kalter Platte hinbekommt, während Baptistenjugend Y-Stadt in ihrem eigenen gemütlichen Gemeindehaus mit Küche (!) außer Pappbechern und Nescafé nichts auf den Tisch bringt. Schon die schüchterne Frage nach Dosenmilch oder Zucker bzw. einem-Löffel-für-alle löst hektisches Suchen aus. Keins der in diesem Kapitel verwendeten Beispiele ist konstruiert:
Zwei Stunden nach unserer Ankunft entdeckt der Tontechniker eine Plastiktüte in einer Bankreihe der Dorfkirche. Darin liegen vier in Butterbrotpapier gewickelte Brötchen (wir sind fünf...), eine in Plastik eingeschweißte Salami und zwei Stückchen Restaurantbutter, die infolge der sommerlichen Wärme aus ihrem Goldpapier gewandert ist und den gesamten Beutelinhalt gleichmäßig einfettet. Dazu gibt es drei Dosen Cola. Und daß wir fünf Personen sind, sagte ich schon? Mit einem Schraubenzieher vom Mischpult kann man zwar die Salami auspacken, nicht aber Brötchen streichen...

Am Abend danach eine Turnhalle im Schwarzwald: Ein großer Tisch ist mit Bast-Sets, Keramikgeschirr, Servietten, Kerzen und Gläsern gedeckt. Die Mitarbeiter tragen Toasts mit geschnetzelten Champignons und überbackenem Pfirsich herein, es gibt Joghurt, Obst, Säfte, Kaffee und Tee. Und das nicht nur für die fünf Gäste, sondern den ganzen Mitarbeiterkreis. Wurde bei der Jugendgruppe mit den Plastiktüten und den eingeölten Coladosen lange und kanaanäisch gebetet, um ein „ganz klares Wort der Verkündigung" gebeten usw. – so entpuppten sich die liebevollen Toast-Typen als katholische Kolpingjugend, deren Tischgebet eine formulierte Liturgie war ... Tja.

Sie sind nicht erst dann ein guter Gastgeber, wenn Sie dem ganzen 40-Mann-Jugendchor nachts um 24.00 Uhr Pfeffersteak und Pückler-Eis bezahlen. Sie sind vielmehr dann einer, wenn man Ihnen das Christsein in Form sorgfältigen Mitdenkens und herzlicher Gastfreundschaft abspürt. Praktisch:

6.1. Vor der Veranstaltung

nichts Schweres (wie z. B. fetten Kartoffelsalat) für die Akteure und unmittelbar am Programm Beteiligten. Lampenfieber und Aufregung liegen noch im Magen und bevor das Publikum nicht gewonnen ist, sind leichte, pfiffige Imbisse das Bessere. Unter den **Getränken** sollten, vor allem bei traditionellen Chormusiken, auch solche **ohne Kohlensäure** sein, denn eine Arie mit kleinen Rülpserchen schmälert den Kunstgenuß. **Kalt sollte der Spätnachmittags- bzw. Abendimbiß** deshalb **sein,** weil die Ankunftszeit der Musikgruppe oft ebenso unberechenbar ist wie die Zeit, die sie für technische Vorbereitungen braucht. Es war voll auf der Autobahn, die Akustik des Saales erweist sich als schwierig, zwei Sicherungen fliegen raus und der Bassist will neue Saiten aufziehen – aber Frau Pfarrer besteht vehement darauf, daß ihr Nudelauflauf jetzt gegessen wird! Man lenkt ein und gefährdet mit jeder Minute Verzögerung die Qualität des Konzertes.

A propos Minute: **Bitte den Imbiß vor der Veranstaltung nie (nie!!) außerhalb des Saales oder einem mehr als 200 m entfernten Raum servieren!** Nach dem liebgemeinten Motto „Im Restaurant ist für 18.30 Uhr ein Tisch bestellt..." Das endet in 99% aller Fälle für Musiker wie Mitarbeiter in vollkommenem Streß: Der Soundmixer läßt ungern eine halbfertig aufgebaute Anlage stehen; der Chorleiter will wissen, wer denn während der Abwesenheit die Instrumente bewacht; der wegen Verkehrsstau zu spät ankommende Referent steht vor verschlossenen Saaltüren; Sie als Ortskundiger können gar nicht verstehen, wie sich der Jüngste des Chores auf dem „kurzen Weg um die Ecke" prompt verlaufen konnte; noch schlimmer, wenn im Autokonvoi zum Essen gefahren wird und zwei Ortsfremde im Feierabendverkehr bei Gelb an der Ampel hängenblieben; endlich im Gemeindehaus oder Restaurant um 18.35 Uhr angekommen, ist das Gedeck natürlich längst nicht fertig („meine zweite Serviererin ist krank geworden..."); die besorgt auf die Uhr schauenden Mitarbeiter („jetzt werden wohl die ersten Besucher vor der Kasse stehen") und Musiker („hast Du schon das Programm geschrieben?") sind zwar fertig mit Essen, können aber nicht raus, da die Wagen der Gäste an der Bar die Ausfahrt blockieren...

Schluß mit dem Imbiß irgendwo anders als im Veranstaltungsraum selbst! Entweder Sie sind in der Lage, auch ein transportables Gericht zu erstellen oder es wird eben nichts gegessen. Aber bitte keine Stadtfahrten zwischen 17.00 Uhr und 19.00 Uhr und keine „fünf Minuten Fußweg ins Pfarramt"!! Es sind überall nur fünf Minuten. Bei Regengüssen, bei Glatteis, in Altstadtgäßchen voller Winkel.

Bitte lassen Sie auch nur solche Mitarbeiter(innen) den Imbiß zubereiten, deren Selbstwertgefühl nicht an den Schnitten hängt: Weil ich schlichtweg krank war, konnte ich von dem literweise bereitgestellten Kaffee nur nippen und mußte – zu meinem eigenen Leidwesen – die noch so nett gemachten Salate stehen lassen. Frau Gemeindeschwester, Mitte Vierzig, war tödlich beleidigt! Geschlagene zwei Stunden lang konnte sie es nicht verwinden und schnaubte, von allen Beteuerungen ungerührt, abwechselnd uns, den Pastor, die Mitarbeiter und kurz vor Beginn auch noch die Besucher an

„ob's denn nicht gut genug sei" und „was sich diese Norddeutschen einbilden", „wo ich mir den ganzen Tag Arbeit mache"...
Daß man vom Tournee-Essen selbst krank werden kann, ist auch keine Theorie: Vom gegorenen Orangensaft (mit zwei Konzerten Musikerausfall infolgedessen!) über ranzige Jagdwurst (mit schlagartigem Durchfall im Schlafwagen infolgedessen!) bis zum überzogenem Verfallsdatum des Joghurt (mit Erbrechen hinter dem Bühnenvorhang infolgedessen!) hat es da allein in unserer Gruppe alles gegeben.

6.2. Nach der Veranstaltung

Nach Gesprächen und Aufräumen, noch etwas Warmes essen zu gehen ist sehr beliebt bei Veranstaltern wie Evangelisten, Musikern und Missionaren. Macht eigentlich ja dick, macht aber auch enorm gute persönliche Kontakte. Jetzt können Sie mit den Akteuren fahren, wohin Sie wollen. Aber: Bitte vorher klären, ob's nur Sie und die Akteure sein sollen oder ob der ganze Jugendkreis mitkommt. Kommt der komplett mit, (was sehr gemeindefördernd ist, die Eltern von Teenagern aber vorher wissen sollten!), erspart es peinliches Getuschel, wenn Sie vorher klären, wer was zahlt. Und: Wer es dem Zufall überließ, ob er mit 20 Mann gegen 23.30 Uhr im Chinesen oder Griechen noch Platz fand, stand oft genug buchstäblich im Regen...
Gibt es in Ihrem Ort sowieso kein gescheites Restaurant und werden sogar beim Hähnchen-Heinz um 22.00 Uhr die Stühle auf die Tische gestellt, dann erfreuen Sie doch Gäste wie Mitarbeiter mit einem selbstbereiteten Abendessen im Gemeindehaus oder bei Ihnen zu Hause! **Ganz viel persönliches Kennenlernen, Manöverkritik in gelöster Atmosphäre, Denkanstöße, wunderbare menschliche Begegnungen und ermutigender geistlicher Austausch können hier stattfinden.** (Können! Wenn Ihnen und allen anderen die Augen zufallen, muß man nicht partout eine Diskussion forcieren...)

6.3. Und schlafen Sie gut...!

Hotels oder Gasthäuser als Quartier für Ihre Konferenzgäste, Partnergemeinde-Delegation oder den Herrn Missionar zu buchen, ist das allereinfachste für Sie, bedeutet aber je nach Personenzahl ein paar Hunderter mehr im Budget. Wenn es ein Hotel ohne Nachtportier ist, **müssen Sie die Zimmerschlüssel vorher holen,** sich mit den Räumlichkeiten vertraut machen und den Hotelier darauf hinweisen, daß fünf oder zehn oder fünfzehn Jugendliche voraussichtlich nach 24.00 Uhr hereinkommen werden. Zweimal erlebte ich bei der Betreuung amerikanischer Musiker (die ihre Koffer auch nicht lauter abstellen als andere Menschen), daß ruhegestörte Kurgäste und zigarrekauende Pensionäre im Schlafanzug auf dem Flur erschienen... Ansonsten aber ist ein schlichtes sauberes Hotelzimmer immer noch die Nr. 1 für viele Reisende. Es gibt fromme Völkerapostel, die würden eine Hoteleinquartierung am liebsten zur Bedingung machen („Mensch, irgendwo mußt Du doch auch mal Du selbst sein dürfen, zum Zehnägelschneiden sozusagen!") und es gibt Evangelisten, die auf Privatquartiere bestehen („Mentalitäten! Gespräche! Hintergrundinformationen! Lokalkolorit!")

Die Nr. 2 für viele Reisende ist das **christliche Freizeitheim, Tagungszentrum, Ferienhaus. Hier liegen die Zimmerpreise meist 15 bis 25% unter denen eines Hotels und wenn Sie gutgeführte Tagungszentren kennen, sind die Zimmer manchmal sogar noch besser.** Sie müssen aber vorab klären, daß

- in der Ankunftsnacht jemand anwesend ist oder Sie einen Generalschlüssel bekommen;
- das Haus im Winter auch an den Wochentagen geheizt ist;
- trotz seiner „traumhaften Hanglage" auch bei Glatteis und Schneefall zu erreichen ist;
- nicht weiter als 20 km vom Veranstaltungsort entfernt liegt;
- die einzige Dusche des Heims nicht erst im Wohntrakt der Diakonissen liegt;
- man Bettwäsche vorfindet;
- es möglichst Frühstück gibt.

Eine selbsterlebte Episode zwischendurch: Ein großer Jugendtag in Holland. Die Mitarbeiter haben einige Tage vorher als „Wochenkollektiv" in den Räumen eines Schulzentrums auf Luftmatratzen geschlafen und sich morgens den Kakao aus den Automaten der Pausenhalle gezogen. Dazu gibt es weiches holländisches Weißbrot, ebenfalls aus Automaten. „Ihr schlaft hier" sagt der Veranstalter, und dabei deutet er auf den leeren Umkleideraum der Turnhalle. Es riecht so, wie es in Umkleideräumen nach einem sportiven Samstagnachmittag nun mal riecht. Gekachelter Steinfußboden, gekachelte Wände. Wir ziehen uns aus dem Geräteraum sandige blaue Turnmatten heran und dämmern ohne Kissen oder Decken dem Jugendgottesdienst entgegen...

Nur wenn Sie weder Hotels, Freizeitheime noch Privatquartiere haben, sollten Sie auf den dörflichen **„Gasthof mit Fremdenzimmer"** zurückgreifen. **Schauen Sie sich die Zimmer und Toiletten vorher selber an.** Mit etwas Selbstbewußtsein und Freundlichkeit nehmen Sie sich bei der Reservierung das Recht zu dieser Besichtigung. Findet an den Wänden nämlich ein „Ablösungsprozeß" der Tapeten statt, könnte aus dem Staub auf Lampenschirmen und Fenstersimsen ein stattlicher Adam erschaffen werden und sind die Betten derart durchgelegen, daß jeder Redner über 60 da morgens nur mit fremder Hilfe herauskommt – dann legen Sie ihn, nicht nur des Anstands halber, lieber bei sich zu Hause auf die Couch! Da holt er sich nämlich auch keinen Fußpilz am jahrhundertealten Filz-Vorleger...

Eine schwüle Sommernacht im „Gasthof mit Hausschlachterei". Eine Kleinstadt im Großraum Stuttgart. Der CVJM hat uns hier einquartiert, weil es exzellente Schnitzel gibt. Gab es auch. Nachts habe ich schreckliche Träume von schreienden Kindern, Mördern und Verfolgern. Schweißgebadet wache ich auf – da ist das Quieken und Schreien real! Es ist 5.00 Uhr morgens und unten werden Schweine zum Schlachten angeliefert. Als der Bauer seinen Viehtransporter endlich leer hat und Ruhe einkehrt, öffne ich der Hitze wegen das Fenster und lege mich wieder hin. Eine knappe Stunde später weckt mich der durchdringende Gestank von ganz frischem Fleisch und Eingeweiden. Heißer Wasserdampf mit Fleischbrühe-Geruch strömt durchs geöffnete Fenster ins Zimmer! Bei der Morgenandacht frage ich den lieben Gott und meine mitfühlende Band-„Gemeinde“, ob ich Vegetarier werden soll...

Die Nr. 3 und **häufigste Form der Unterkunft sind Privatquartiere.** Billig, chancenreich, aber mit vielen Anforderungen an Sie, den Veranstalter, verbunden. Ja, Sie haben recht gehört: Privatquartiere erfordern von Ihnen mehr Vorbereitung als jede andere Unterkunft:

- Bitte nur Quartiergeber vorsehen, die es aufrichtig gerne und bereitwillig tun. **Überreden Sie bitte niemanden** („Stellt Euch nicht so an, bei Eurer Wohnung!“)! Man sollte es nicht glauben, wie oft ein Gast seinem Quartiergeber quasi auf's Auge gedrückt wurde. Das süßsaure Lächeln an der Tür ist unerträglich.
- Bitte nur Quartiergeber vorsehen, die ein **echtes Gästebett** haben. Die berühmte Luftmatratze im verrauchten Wohnzimmer, im staubigen Dachboden, im kalten ehemaligen Oma-Zimmer sollte ebenso der Vergangenheit angehören wie die dreiteilige 50er-Jahre-Couch in der Küche (mit Selbstklapp-Automatik und 1,75 m Länge inklusiv Lehne). „Es ist ja nur für eine Nacht“ scherzt der liebe Jugendsekretär mit leicht entschuldigendem Unterton beim Hinbringen. Was er vergißt: Für den amerikanischen Posaunisten geht das schon seit „Three months in Europe“ so und für den deutschen Liedermacher-Profi ist das sein dauerndes Alltagsleben. Dasselbe gilt übrigens für „nur heute mal, ha ha ha“ getrennt einquartierte Ehepaare. Zwei, drei Tourneenächte lachen sie mit, aber dann wird's ernst: Nicht etwa der Sex fehlt, sondern die Möglichkeit, hunderte starker Eindrücke und Gedanken in Ruhe auszutauschen, kleine Spannungen ausbügeln zu können und sich ohne Choristen, Mitmusiker oder Veranstalter mal offen unterhalten zu hönnen.
- **Bitte keine Quartiergeber vorsehen, die um 21.00 Uhr** im Saal stehen und **aufs Heimgehen drängen,** weil sonst ihr Tagesrhythmus durcheinanderkommt. Mütter mit kleinen Kindern, Rentner, Schichtarbeiter, Bauern haben durchaus ernstzunehmende „Tagesrhythmen“. Aber selbst noch um 22.00 Uhr im Saal verursachen sie nur Hektik beim Abbauen, beim Abrechnen, sie verhindern die

fruchtbare Manöverkritik beim Abendessen und unterbrechen im (oft erlebten) schlimmsten Fall ein seelsorgliches Gespräch oder eine Gebetsgemeinschaft durch ihr laut ausgesprochenes „ich hab' ja Verständnis für die Jugend, aber jetzt ist es doch wirklich allerhöchste Zeit..."

- **Bitte keine Quartiergeber ohne eigenes Fahrzeug.** „Ich dachte, ich fahr' bei Euch mit" sagt der freundliche Besitzer eines Bungalows am Stadtrand. Er war mit dem Stadtbus ins Konzert gekommen und hat nicht bedacht, daß a) kein Bus mehr fährt, b) er nur einen von 15 Choristen mitnimmt, die anderen 14 aber vielleicht auch den Wagen brauchen und c) ein schwerer Baßkoffer oder auch nur eine Gitarre nebst Reisegepäck auch bei „kurzem Fußweg" schon lästig werden können. Noch drei solcher Energiesparer und Sie als Veranstalter sind bis in den frühen Morgen mit Hol- und Bringefahrten beschäftigt, wobei der zuletzt am Saal abgeholte Türsteher auf einen bis zuletzt an seiner Wohnungstür stehenden Quartiergeber trifft, der das auch nicht witzig findet...
- Bitte keine Quartiergeber, die beide morgens früh zur Arbeit müssen. Entweder sie lassen ihren Gast mit einem Zettel auf dem Tisch und der „ganz lieben, harmlosen" deutschen Dogge allein im Haus oder sie wecken ihren Gast und stellen ihn mit besten Segenswünschen auf die menschenleere Straße, weil man ihn ja in der Tat nicht kennt und es sonst mit den Schlüsseln und den Autos heute nachmittag nicht klappt...

Versetzen Sie sich in die Lage eines Konferenzteilnehmers: „Kann ich Sie jetzt in Ihr Quartier fahren?" drängt der ZDL ihn im Foyer der nagelneuen Kirche, wo er gerade in ein wichtiges Gespräch vertieft war. Draußen dichter Nebel. Gedankenversunken fragt Konferenzteilnehmer X nicht, wohin es geht, sondern wird nach einer ca. 30 km langen Fahrt durch Busch und Baum vor einem Bauernhaus abgesetzt. Kein Hoflicht, kein Türschild, keine Klingel. Der einheimische Zivi öffnet ungeniert – wie auf dem Lande üblich – die Tür und führt seinen Fahrgast drei Stiegen und zwei Flure hoch in ein Zimmer. „Die Bauersleut' sind auch in unserer Gemeinde" erklärt er noch, „gute Nacht, und schlafen Sie gut!" Dann beeilt er sich, wieder in seine „Ente" zu kommen.

Da steht Herr X nun: Kein Getränk, nichts zu essen, nichts zu lesen. Gerade 22.00 Uhr ist es und obwohl er durch das anregende Referat heute abend und die lebhafte Diskussion noch kein bißchen müde ist, versucht er zu schlafen. Was bleibt ihm anderes übrig?
Als er am nächsten Morgen gegen 7.15 Uhr runterkommt, sind seine Gastgeber längst aus dem Haus. Die dritte Tür war die richtige: Eine Bauernstube mit Frühstück und einem Zettel mit frommem Gruß auf dem Tisch. Aber – wer wird ihn zum Hauptreferat um 10.00 Uhr wieder abholen? Zum Glück hat er die Telefonnummer des Tagungsbüros dabei. „Aber gerne holen wir Sie ab, Herr X! Wo sind Sie jetzt?"
Tja, wo ist er jetzt? Wie heißen seine Gastgeber? Wie heißt überhaupt der Ort, in der er gefahren wurde? Und der Zivildienstleistende in der roten „Ente", meine Güte, oder war es eine blaue?!
Noch einmal: Es geht nicht um Luxus! Es geht um Ihr umsichtig-liebevolles Mitdenken. Versetzen Sie sich auch für die Details in die Lage Ihrer Gäste. Dann werden keine erkälteten (infolge unheizbarer Gemeinderäume), mit fettigen Haaren (infolge fehlenden warmen Wassers) reichlich zerknitterten (infolge zu kurzer Luftmatratzen) Sängerinnen mehr übel gelaunt zum Jugendgottesdienst an einem klirrend kalten Januarsonntag bei Ihnen erscheinen.

Ein Privatquartier besteht nun aber nicht nur aus Toiletten, Betten und mehreren Sorten Brötchen, sondern das Erfreulichste (und manchmal auch Schwierigste) sind ja die Quartiergeber.
Ich bin nicht der Meinung vieler Reisender, daß man im Quartier nur abschalten und ausschlafen sollte. Im Notfall ist man auch für seine Gastgeber noch „voll da". Auch nach zwei Stunden Aufbauen, zwei Stunden Konzert und zwei anstrengenden Gesprächen hinterher: Wenn Herrn Gastgeber XY beim Gläschen Wein um 1.30 Uhr plötzlich die Tränen kommen, weil ich ahnungslos nach seinen Kindern gefragt habe – dann ist eben noch ein drittes seelsorgliches Gespräch an diesem Tag dran!
Man sollte als kurzzeitig Reingeschneiter keine bedeutungsvollen Ratschläge geben, auch wenn Ehespannungen oder Persönlichkeitsmacken mit Händen zu greifen sind. (Und,

liebe Quartiergeber, so ein Übernachtungsgast kriegt viel, viel mehr mit, als Sie ahnen!). Wenn aber spontan darum gebeten wird, wenn die Gastgeber von sich aus einen Zuhörer für ihre Probleme wünschen – dann muß dafür Zeit sein, finde ich.
Wenn spontan darum gebeten wird!
Furchtbar blöde wird es nämlich, wenn einer der beiden Ehepartner oder die Eltern das seelsorgliche Gespräch geplant haben oder forcieren: Ich sitze nichtsahnend bei Pizza und Salat, da kündigt der Vater quer über den Tisch seiner etwa 17jährigen Tochter an: „So, Kerstin. Nun hör' doch mal, was ein junger Mensch zu deiner unordentlichen Art und deiner Faulheit in der Schule sagt! Ja glaubst du denn, diese Musiker wären ohne Fleiß und Disziplin so erfolgreich geworden?!"
Kerstin wird natürlich knallrot und wütend. Ich bin urplötzlich zwischen die Fronten gestellt, fange an, ein versöhnlich gemeintes Diplomatenwort zu stammeln; aber als es verhallt ist, sind beide unzufrieden: Vater wie Tochter.

Ein traumhaftes Landhaus in der Ostschweiz. Eine vornehme nette ältere Dame serviert Müsli und Ovomaltine auf der Terrasse. Aber als sie sich zu uns setzt, ist die morgendliche Idylle trotz Blick auf die Alpen endgültig vorbei:
Das ganze verfahrene Beziehungsgefüge eines jahrelangen Erbschafts-Kraches zwischen ihren zwei Söhnen um eben dieses Landhaus entfaltet sich vor unseren Ohren. Was soll ich damit? Warum erzählt sie mir das, zehn Minuten bevor ich fahre?! Frau Hausbesitzerin weiß es: Ich soll Stellung beziehen. Ich soll ein Name mehr sein in der Sammlung ihrer Befürworter.

Bei privaten Fehden und Familiengeschichten mag das ja noch gehen. Aber in den zahlenmäßig kleinen, überschaubaren Freikirchen mit ihren mächtigen Familienclans und theologisch oder charakterlich oft „scharf profilierten" (d.h.real: profilneurotischen) Pastoren gibt es dieses Vereinnahmtwerden noch mal in der kirchenpolitischen Variante:
„Wissen Sie, wir haben uns als Quartiergeber gemeldet, um Ihnen auch die andere Seite zu sagen: So wie Pastor YZ das heute abend dargestellt hat, ist es nämlich gar nicht..."

Letzte Spielart peinlich geplanter Quartiergeber-Seelsorge: Der Veranstalter hat uns in eine nichtglaubende, „unfromme" Familie gepackt. Ob er dabei Hintergedanken hatte oder nicht, sei dahingestellt: Für die Gastgeber ist es nicht einfach. Sie meinen sich vor uns „Frommen" für lockere Sexsprüche-Aufkleber im Badezimmer oder WC, für volle Aschenbecher in jedem Zimmer und für Tierkreiszeichen auf den Tisch-Sets oder für die prallvolle Hausbar entschuldigen zu müssen. Und bei Tisch – beten oder nicht beten? Mehr als einmal schickte die Familienmutter voraus: „Also, äh, ich weiß nur ein Sprüchle..." und wenn sich alle Köpfe wieder schmunzelnd erheben, fragt die Sechsjährige prompt „Mama, was ist das –‚bescheret hast'?"
Wir gehören nun nicht zu jenen Evangelisten, die so etwas zum willkommenen Aufhänger flammender Bußpredigten machen oder ihren ohnehin abwartend-ängstlichen Quartiergebern mit dem ausgestreckten Zeigefinger ins Knopfloch fahren. Im Gegenteil: Wir möchten uns als Christen den Nichtglaubenden so „normal menschlich" wie möglich präsentieren und hoffentlich ein entspanntes Vertrauensverhältnis schaffen. Dazu kommt es oft, wenn sich die Randsiedler und Zaungäste der Gemeinde von sich aus als Quartiergeber gemeldet haben, in der Abendveranstaltung auch anwesend waren und selbst ein Interesse haben, mit den Akteuren nochmal reden zu können. Dann ereignet sich das, was für mich persönlich eigentlich Privat-Unterkünfte zur Nr. 1 aller Möglichkeiten macht:
Schöne menschliche Begegnungen, geistliche Erfahrung der Wirkungen Jesu in einer Familie.

7. Wer soll das bezahlen?

Reichlich rechnen im Reich Gottes

Das Verhältnis zum Geld ist bei den meisten Menschen vom Irrationalen bestimmt. Von Stimmungen, Irrtümern und unerklärlichen Meinungen. Christen sind da keine Ausnahme.

7.1. Wir nehmen keinen Eintritt?!

„Wir nehmen keinen Eintritt, es soll ja missionarisch sein. Umsonst habt Ihr's empfangen, umsonst gebt es auch (Mt 10,8)".

Niemand mußte jemals das Evangelium selbst finanzieren. Immer war es das irdische Gefäß, die Verpackung des Evangeliums, die Geld kostete. Wer meint, Fahrtkosten, Saalmiete und Plakatdruck dürften keinen Eintrittspreis verursachen, damit die Veranstaltung missionarisch bleibt, der soll doch bitte in der nächstbesten Buchhandlung versuchen, alle Bibeln als Geschenk mitgehen zu lassen. Er wird sie nicht bekommen. Nicht mal der missionarisch gesonnene Büchertischwart seiner eigenen Gemeinde wird ihm die prachtvolle Goldschnitt-Jubiläums-Ausgabe in rotem Leder einfach so zum Nulltarif geben. Warum nicht? Weil völlig klar ist, daß nicht Joh 3,16, sondern Papier, Druckerlöhne, Leder und Goldschnitt bezahlt werden müssen!

Veranstaltungen, für die Sie einen Eintrittspreis festsetzen und Eintrittskarten oder wenigstens kleine Nummernzettel drucken, sind aus drei Gründen missionarisch wirkungsvoller als „Eintritt frei"-Termine:

1. Drückt EC-Jugendbundleiterin Lieschen Müller ihrer Freundin Klara Meier einen noch so tollen Einladungszettel in die Hand, ist es trotzdem sehr wahrscheinlich, daß Klara nicht zum EC-Chor-Konzert kommt, sondern lieber „Dallas" guckt. Drückt Lieschen Müller Ihr aber **eine Eintrittskarte im Wert von 5,-DM in die Hand und sagt „darf ich Dir eine Karte für unser Konzert schenken?"** – dann wird Klara vermutlich vor Wertschätzung tief erröten und Punkt acht Uhr schon recht positiv eingestimmt in den kirchlichen Bänken sitzen. (Und für

Lieschen Müller sind 5,- DM nun echt kein Geld, wenn sie selbst als aktive Mitarbeiterin sowieso umsonst reingekommen wäre).

2. Klaras Freund, der streng atheistische Mathe-Student Karl A., hat sich in einer Buchhandlung oder im Jeansladen an der Kasse eine Eintrittskarte für den EC-Chor gekauft, weil er den Abend ja mit Klara zusammen verbringen möchte und die schon eine Karte hatte. Nun ist ihm schon nach dem dritten Lied die ganze Sache viel zu fromm. Die feinfühlige Freundin Klara spürt das Mißfallen ihres Herzgeliebten und flüstert „Komm, dann gehen wir eben ..." Im Geiste denkt sie nämlich schon, daß man den Film um 20.30 Uhr im Kino gegenüber noch schaffen würde. „Ach, na ja. Vielleicht wird's ja noch besser, **also bis neun würd' ich schon was hören wollen für mein Geld" brummt Karl – und bleibt!**

3. Lieschen Müllers EC hatte an dem bewußten Abend 300 zahlende Gäste im Saal. Die Gesamtkosten der Veranstaltung beliefen sich auf 950,- DM.
Den Rest legte sie nun aufs Jugendbundkonto und bezahlt damit ein Schulkonzert nächste Woche, einen Gefängnisgottesdienst nächsten Monat oder deckt das Defizit der großen Jugendwoche im kommenden Jahr. Keine theoretische Geschichte: Ein bayrischer CVJM hatte mit einem „Arno & Andreas"-Konzert über 3000,- DM Plus gemacht. Vier oder fünf „neue" Konzertbesucher bekundeten noch am Abend ihr Interesse am Glauben, ihren Wunsch nach Kontakt mit Christen, ihre Fragen in punkto Gebet und Christusnachfolge. Jeder von ihnen bekam einen Freiplatz auf einer Bibel- und Ski-Freizeit in den Dolomiten geschenkt!
Ich finde so etwas missionarischer, als wenn z. B. eine Freikirche alle zwei Jahre tief Luft holt, 15000,- DM für eine Evangelisation ausgibt und anschließend wieder zwei Jahre nichts unternehmen kann, weil einfach die Opferbereitschaft ihrer Mitglieder an eine Belastungsgrenze gestoßen ist.
Ein Kinobesuch kostet Mitte der achtziger Jahre in Deutschland zwischen 7,- DM und 10,- DM. Theaterkarten gibt's mit 50% Schüler- und Studentenermäßigung zu 6,- DM bis 15,- DM. Berufstätige zahlen entsprechend doppelt für Wilhelm Tell. Diskotheken verlangen zwischen 4,- DM und 9,- DM Ein-

tritt, die billigsten Getränke kosten meist schon 2,50 DM. Selbst wer nur zwei Stunden in gemütlicher Runde in der Stammkneipe oder im Cafe sitzt, gibt etwa 5,- DM für Getränke oder Eis aus. Nur die lieben weltfernen Frommen meinen, mit 3,- DM oder 4,- DM Eintritt irgendjemanden „abzuschrecken“ und sind oft genug selbst brüskiert, am Eingang des eigenen Gemeindehauses diesen Obulus entrichten zu müssen. **Alle anderen Menschen nämlich wissen längst, daß sie nirgendwo sonst mehr einen anspruchsvollen Abend derart billig verbringen können.**
Als wir im Frühjahr 1982 bei der Ankunft am Saal feststellten, daß der Veranstalter für unser Konzert im Volkshaus Zürich 15,-Franken Einritt verlangt hatte, gingen besorgte Blicke hin und her. Es kamen 900 Leute. Wir kosteten 1400,-Franken. Der Rest ging an ein Missionswerk in der Schweiz.

7.2. Keine Personalkosten?

„In der Evangelistik darf es keine Personalkosten geben. Wer andere zu einem Leben im Glauben aufruft, sollte das am besten dadurch glaubwürdig machen, daß er finanziell aus dem Glauben lebt.“ „Gagen“ und „Honorare“ gelten, zumindest im pietistisch-evangelikalen Lager, weithin als ungeistlich und bedürfen mindestens einer rundum wasserdichten Erklärung. Wer das für eine naive Randerscheinung hält, sollte in der evangelikalen Zeitschrift „Fest und Treu“ einmal die dort erstellte „Checkliste für ungeistliche Musikgruppen“ lesen: „Solche, die für ihren Einsatz Geld, Spesen usw. fordern, würde ich sofort ablehnen. Mit der Verbreitung des Evangeliums sind Opfer an Zeit, Geld und Kraft verbunden. Wer wirklich ein evangelistisches Anliegen hat, wird kein Opfer scheuen. Wenn aber nun das Gegenteil der Fall ist, wenn man versucht, seine Kosten zu decken . . ., wird aus dem Zeugnis ein Auftritt, eine Show ohne Glaubwürdigkeit. Ich bin überzeugt, daß der überwiegende Teil aller Sänger und Gruppen ihren „Dienst“ sofort einstellen würde, wenn man die unsinnige Kilometerpauschale abschaffen würde. Dieser Grundsatz trifft auch auf die Verkünder des Evangeliums zu.“
Da kann ich dem Verfasser dieser auch als Traktat zigtau-

sendfach verbreiteten Zeilen sogar zustimmen: In der Tat – ohne Kilometerpauschale würden die meisten ihren Dienst einstellen müssen. Weil sie zwar Zeit, Geld und Kraft opfern können. Aber nicht unbegrenzt und nicht monatlich achtmal. Solange Kirchen wie Freikirchen eher eine Putzfrau und einen Pförtner statt eines Evangelisten oder eines Musikers hauptamtlich anstellen, werden „besondere“ Dienste im Reich Gottes immer von Spendenempfängern oder Freiberuflern gemacht werden. Drogentherapie, Traktat-, Schallplatten- und Filmproduktion, Rundfunk, Kunsthandwerk, Tanz und Pantomime, Straßen- und Kindertheater, Konzertmusik, Grafik, Layout, Fotografie und oft auch Journalistik – dafür gibt's nun mal keine oder noch kaum Planstellen im kirchlichen Apparat und deshalb werden die Aufgaben entweder nebenberuflich (und mangels Zeit und Können oft amateurhaft) erledigt oder von freien „Dienstleistungsunternehmen“, die nach getaner Arbeit die Hand bzw. den Kollektenkorb aufhalten. **Biblisch-theologisch darüber klagen, daß es Missionswerke und freie Träger überhaupt gibt (statt nämlich als verfaßte Kirche alles zu tun) und gleichzeitig das Budget fürs Heizen hoher Kathedralen und die Gehälter zweier Kirchenmusikdirektoren verpulvern – das paßt meines Erachtens nicht zusammen.**
Es mag im Ansatz auch bei uns „amerikanische Verhältnisse“ geben, daß ausbildungs- und glücklose Berufsflüchtige ein frommes Werk gründen und von der Infrastruktur ihrer devoten Spender leben, weil diese nicht merken, daß die ganze „ministry“ auf den Lebensunterhalt des „Dienenden“ zielt. Das Gros deutscher Missionswerke und „freier kirchlicher Dienstleistungsbetriebe“ aber ist doch a) finanziell integer und von der Berliner Zentralstelle für soziale Fragen, Miquelstr. 83, 1 Berlin 33, 0 30/8 32 40 41, als solche anerkannt. b) theologisch ein „vorgeschobener Posten“ der institutionellen Kirche und gut in ihr verankert, c) leitet seine Existenzberechtigung daraus ab, daß seine Aufgabe jetzt und hier und so von keinem anderen getan wird bzw. getan werden kann. Es tut schon weh, wenn beamtete Pfarrer mit einem auf Lebenszeit verbrieften Bruttolohn von mindestens 3500,- DM den Angestellten eines Missionswerks auf die Schulter klopfen: „Mensch, was machst Du eigentlich mit der Riesenkollekte von heute abend!“ Es tut auch weh, wenn der Diplom-

Ingenieur mit 25jährigem Dienstjubiläum bei einer Weltfirma dem 20jährigen frommen Sängerknaben vorrechnet, wieviel Schallplattenlizenzen er wohl bekommt und deshalb ein Honorar für die Jugendwoche unnötig sei. Wo nagelneue Freizeitheime zum vierten Mal gestrichen und tapeziert werden, „um den Jahreszuschuß der Landeskirche auch aufzubrauchen, sonst wird das Budget fürs nächste Jahr kürzer....!" – da ist Skepsis gegenüber freien Dienstleistungsträgern reinrassige Heuchelei, finde ich.
Es ist Ihr Recht als Veranstalter, eine durchsichtige und bis in die Einzelposten nachvollziehbare Kostenaufstellung zu bekommen. Ob Sie die Gehaltsforderungen des eingeladenen Evangelisten oder Chorleiters berechtigt finden oder nicht; ob Sie den Abend dann noch finanzieren können oder nicht – das ist Ihre Entscheidung. Die sagt aber nichts über die geistliche Integrität des oder der Eingeladenen aus! Und bitte: Laden Sie doch nur denjenigen ein, dessen Kostenaufstellung Ihnen einsichtig erscheint! Jemanden kommen lassen und anschließend mekkern macht Sie, nicht den Angereisten, unglaubwürdig!
Was heißt nun „einsichtig"?
Wenn Sie nicht gerade arbeitslos, Mönch oder ZDL sind, dann **denken Sie sich bitte jetzt mal Ihren monatlichen Bruttolohn.** Und zwar inklusive aller Arbeitgeberleistungen.
Haben Sie ihn? Gut. Und jetzt bitte alle Gratifikationen, Nebeneinkünfte, halben oder zweiten Gehälter, Weihnachtsgelder, alle Sachbezüge, Auszahlungen in „Naturalien" oder berufsbedingte Einkaufsvergünstigungen hinzugerechnet!
Nichts vergessen, bitte: Sie wohnen in einer staatlich oder kirchlich bezuschußten Wohnung? Sie essen in der Betriebskantine? Sie fahren einen Dienstwagen?
Das alles addieren Sie und schreiben das Ergebnis auf einen Zettel. Dividieren Sie nun den Betrag durch acht und schreiben Sie vor das Ergebnis: Meine Honorarforderung pro Maßnahme.
Was soll das?!
Wenn ein Musiker, Pantomime, Evangelist, Buchautor oder Grafiker freiberuflich seine Lebenshaltungskosten von kirchlichen Auftraggebern bestreiten will, muß er a) Renten-, Arbeitslosen-, Kranken- und Lebensversicherung sowie Haftpflicht- und Hausratversicherungen selbst aufbringen, b) sich

überlegen, wie alt er ist, welche Ausbildung er hat und was festangestellte Kollegen für die gleiche Arbeitsqualität und -leistung bekommen und dann muß er c) mittels Erprobung herausfinden, wieviele Aufträge und Maßnahmen er kräfte- und zeitmäßig pro Monat schaffen kann. Und da ist nun meine persönliche Erfahrung aus dem musikalischen und journalistischen Bereich: Er kann 8, höchstens 10 pro Monat schaffen.

Natürlich, es gibt in den USA eine christliche Band, die gab 1982 320 Konzerte. 1983 gab sie „nur noch" 200 Konzerte. Es gibt in Deutschland Referenten, die leiteten neun Fachtagungen von je drei Tagen Dauer in einem einzigen Monat und es gibt Interpreten, die monatlich 15 Tage von zu Hause weg sind und alle zehn Wochen mit einer neuen LP aufwarten. „Normal" im Sinne eines geistlich wie menschlich vertretbaren Familienlebens finde ich das nicht. Wer als Arbeiter, Angestellter oder Beamter sich dran gewöhnt hat, peinlich genau auf nur acht Stunden Arbeit, auf freie Wochenenden, Urlaub und Überstundenzuschläge zu achten, sollte mit der gleichen Akribie doch mal auf folgendes achten:

Jeder Fachreferent, der sein Thema eigens für Ihre Veranstaltung ausgearbeitet hat, wird etwa zwei Tage Scheibtisch, den Veranstaltungstag und einen Abreisetag rechnen müssen. Jede Band, die sauber und gekonnt zwei Stunden Eigenkompositionen vorträgt, hat dafür zwischen 10 und 14 Tagen Probe hinter sich. Geht auch technisch alles perfekt über die Bühne, dann können Sie davon ausgehen, daß die Jungs drei bis vier Stunden vor Konzertbeginn im Saal aufgebaut und getestet haben, eine Stunde abbauen und einladen werden und die zu Hause geleisteten Wartungs- und Reparaturzeiten sinnvoll und nötig waren. Von den Zeitaufwendungen fürs Notenschreiben und Arrangieren, Telefonieren und Postbeantworten ganz zu schweigen. Es ist völlig klar, daß solche „Vorlaufzeiten" zur Ausführung einer eigentlichen Arbeit nicht nach Stunden honoriert werden können. Aber während der beamtete Pfarrer durch Buchhandlungen und Antiquariatsläden bummelt, vormittagsweise in Archiven und Bibliotheken stöbert und das eine oder andere Buch im Café schon mal „anliest", läuft sein Gehalt weiter. Der freiberufliche Fachreferent bekommt sein Gehalt erst, wenn er die Ergebnisse desselben Stöberns aufs Rednerpult bringt.

Ich mußte mich an einen regelrechten „Vorlauf-Stau" privater und beruflicher Erledigungen vor einer Konzerttour erst allmählich gewöhnen: Auf dem Terminkalender steht Freitag 19.00 Uhr Konzert Vordertupfingen, Samstag 16.00 Uhr Straßenfest in Hintertupfingen, Sonntag Jugendgottesdienst im selben Ort und Sonntagabend 20.00 Uhr Konzert in B-dorf. Ganz klar: Das Straßenfest gehört noch zum Freitagabendkonzert und der Jugendgottesdienst ist vom selben Veranstalter wie das Sonntagabendkonzert, also zwei Konzertgagen an diesem Wochenende. Soweit, so gut. Abfahrt Freitag früh 6.45 Uhr Hamburg Hauptbahnhof bedeutet Donnerstag abend keine Geburtstagsfete, kein Spätfilm, möglichst auch kein lange sitzender Besuch. **Vor** Donnerstagnachmittag 18.00 Uhr aber muß alle wichtige Post raus sein, vor 16.00 Uhr Geld abgehoben, vor dem Mittag möglichst die Waschmaschine laufen, damit das Oberhemd für den Sonntagmorgen trocken in den Koffer kommt. Etwaige Fahrkarten besorgen, neue Saiten aufziehen, Liedtexte oder Gebete für die Liturgie kopieren – das läuft Donnerstagvormittag. Auch die letzten telefonischen Absprachen mit dem Veranstalter natürlich. Nach Hause komme ich aus B-dorf am Montagnachmittag. Es liegt Post von drei Tagen da und auf dem Anrufbeantworter sind Telefonate von dreieinhalb Tagen. Für die Abende Dienstag, Mittwoch und Donnerstag haben sich all jene Freunde privat angesagt, die man terminlich zwischen die Touren klemmen mußte, „weil's am Wochenende ja nicht geht". Summa: Indirekt beschäftigt mich der Einsatz von Donnerstagvormittag bis Montagabend. (Eine volle Arbeitswoche für jeden Beamten ...) Für Sie, den Veranstalter aber, war ich nur jeweils 24 Stunden da. Und für das Publikum jeweils 2 Stunden zu sehen!! Bezahlt – werden genau jene zwei Stunden, in denen ich vor eben diesem Publikum stand.

Das ist der Grund, warum ich acht Einsätze/Maßnahmen/Konzerte usw. pro Monat als Berechnungsgrundlage realistisch finde.

Und nun holen Sie doch nochmal den Zettel, auf dem Sie vorhin Ihre Honorarforderung errechneten. Na? Würden Sie Sängerin Y dafür einladen? Würden Sie dem Redner Z ohne mit einer Wimper zu zucken soviel für 20 Minuten Predigt auszahlen? Jetzt verstehen Sie vielleicht, warum die allermeisten freiberuflich Hauptamtlichen im kirchlichen Bereich ihre Forderungen dadurch drücken, daß sie a) mehr als acht Einsätze machen, b) Nebeneinkünfte in Form von Buch- oder Schallplattenlizenzen haben oder c) doch teilweise einer Kirche oder einem Missionswerk angeschlossen sind.

7.3. Abschreibung? Fehlanzeige!

„Material ist einfach da im Reich Gottes. Irgendwer hat es zwar angeschafft, aber Instandhaltung und Abschreibung? Fehlanzeige!"
Sie erwarten mit Recht, daß Chöre, Filme, Redner pünktlich und einsatzfähig bei Ihnen erscheinen und haben noch nie einen ölverschmierten Evangelisten um 20.15 Uhr in den Saal hecheln sehen? Nein?
Dann seien Sie bitte konsequent: Die Band XY kann nicht wie Ihr Zivildienstleistender mit einem VW-Käfer für 800,– DM herumfahren, sondern fährt einen nagelneuen 2,8 Tonner! Und der kostet nicht „Benzingeld", auch nicht 40 Pfennig Kilometergeld, sondern 1,– DM und mehr pro km!
Sie erwarten mit Recht, daß auch in Ihrer akustisch schwierigen Kirche oder Halle ein guter Gesamtklang und eine volle Textverständlichkeit gewährleistet ist? Dann sollten Sie nicht über die 100,– DM für den Klavierstimmer lamentieren, sondern mal bei einem Blick ins Schaufenster der Musikalienhändler feststellen, daß eine kleine Gesangsanlage Mitte der 80er Jahre zwischen 10000,– und 18000,– DM kostet und dabei maximal für Liedermacher oder ein Gesangsquartett ausreicht. Eine normale Band oder gar ein Chor mit Band hat aber in der Regel zwei elektronische Tastaturen, zwei Gitarren, einen Baß, ein Schlagzeug und 12 bis 16 oder gar 24 Mikrofonkanäle im Mischpult. Im Klartext: Ihr Altarraum beherbergt runde 60000,– bis 90000,– DM an Sachwerten.
Die müssen so abbezahlt und instandgehalten werden, so versichert und amortisiert sein, daß bei ihrem Ableben das Geld für eine neue Ausrüstung da ist. Bei zweimal täglich Rein- und Rausschleppen verabschiedet sich aber empfindliche Elektronik nach drei bis vier Jahren! Bei den besagten acht Einsätzen pro Monat sind das für kleine Anla-

gen 50,– bis 100,– DM, für große 150,– bis 250,– DM. Und oft haben dann die singenden Freunde ihren Versicherungsbeitrag noch nicht mal auf Sie umgelegt.
Ach, Sie mögen gar keine Popmusik und finden das elektronische Materialgeklotze sowieso überflüssig? Na, dann laden Sie doch einfach mal Profis der klassischen Musik ein. Stellen Sie ein Streichorchester zusammen, nehmen noch Oboe, Fagott und ein paar Flöten aus den städtischen Theater- und Konzerthäusern dazu und fragen die mal nach ihren Gehältern-pro-Konzert bzw. nach den Anschaffungspreisen ihres Instruments und den daraus eigentlich resultierenden Amortisationskosten!
In punkto Ausrüstungsfinanzierung haben es fromme Musiker ungleich schwerer als die Redner: Wenn ein Referent außer zehn Seiten Schreibmaschinenpapier und einer Lutherbibel noch einen Overheadprojektor (Tageslichtschreiber) für 1 500,– DM mitbringt, dann gilt er ja schon als „didaktisch up to date".

7.4. Eigene Räume kosten nichts?

„In eigenen kirchlichen Räumen kostet uns der Raum ja nichts."
Natürlich: Weder Ihrem Küster noch dem kirchlichen Rentamt müssen Sie Miete auf den Tisch blättern, wenn Sie Ihre 10-Tage-Bibelwoche in den „eigenen Räumen" durchführen. **Wie man aber mal spaßeshalber feststellen kann, was die „eigenen Räume" für Fremdmieter kosten müßten** und ob die (geeignetere) Stadthalle nun wirklich zu teuer ist, **das geht so:**
Ihr Gemeindehaus – und das gilt besonders für Freikirchen und kleinere freie Gruppen – hat ja irgendjemand irgendwann mal gebaut oder gekauft und zahlt jetzt die damalige Summe plus Zinslast ab. Er tut das meist in 25 bis 35 Jahren und wenn diese Zeit für das von Ihnen benutzte Gemeindehaus noch nicht vorbei sein sollte, dann gibt es einen pro Tag errechenbaren Tilgungssatz. Den schreiben Sie doch mal auf einen Zettel.

Der Haus„betreiber" (nehmen wir mal an, Sie sind es selbst), weiß am Ende jeden Jahres auch, was er an Reparatur- und

Instandhaltungskosten hatte und wieviel Öl, Strom, Wasser und Putzmittel durch sein Gebäude geflossen sind. Wobei z. B. Putzmittel ja nicht von selbst fließen: Ein Küster oder Hausmeister und meist auch noch einige „Parkett-Kosmetikerinnen" stehen das Jahr über bei Ihnen in Lohn und Brot. Das alles addieren Sie jetzt bitte auf dem berühmten Zettel und dividieren Sie das Ergebnis durch die Anzahl der baupolizeilich erlaubten Sitzplätze. So, das kostet Ihr Saal Eintritt fürs bloße Sitzendürfen! Nochmal zur Übersicht:

$$\frac{\text{Bau- oder Kaufpreis plus Zinsen}}{\text{Laufzeit}} + \frac{\text{Instandhaltungskosten}}{365}$$

$$+ \frac{\text{laufende Materialkosten}}{365} + \frac{\text{Personalkosten}}{365}$$

$$= \frac{\text{Raumkosten pro Tag}}{\text{Sitzplätze}} = \text{Preis pro Platz}$$

Nun mögen Bauherren und Bankiers, Synodale und Vereinskassierer alle tausend Wenn und Abers zu dieser Milchmädchenrechnung ins Feld führen (und es gäbe in der Tat Wenn und Abers!), das für mich selbst immer wieder Erstaunliche ist jedoch, daß sich trotz aller Unregelmäßigkeiten und Unwägbarkeiten ein „kirchlicher Pro-Sitzplatz-Preis" von 1,– DM bis 2,50 DM einpendelt:

Ist der Bau neu, sind die Zinsen hoch, aber die Reparaturen gering. Ist er steinalt und völlig abbezahlt, sind die Betriebskosten hoch, weil früher nicht so energiesparend gebaut wurde. Lohnt sich kein hauptamtlicher Küster, hat der Raum meist weniger Sitzplätze, die die Finanzlast teilen. Testen Sie's ruhig: Wenn nicht völlig prunksüchtig gebaut wurde und nicht völlig unrationell gewirtschaftet wird, kommt es fast überall in Christdeutschland zu einer Sitzplatzmiete von 1,– DM bis 2,50 DM.

Addieren Sie dazu nun noch Gehaltskosten für Verwaltungspersonal, Garderobenfrauen, Beleuchter, Bühnentechniker und Türsteher sowie Materialamortisation für schwere Vorhänge, drehbare Bühnen oder besonders schicke Polstersessel – und schon können Sie in etwa abschätzen, ob der Mietpreis Ihres städtischen Kulturschuppens überhöht ist oder nicht. Einige Beispiele von 1984:

Phillipshalle Düsseldorf: 7000 Plätze,
8200,– DM Miete inkl. Nebenkosten und MWSt.

Stadthalle Leinfelden-Echterdingen: 1400 Plätze,
3800,– DM Miete inkl. Nebenkosten und MWSt.

Stadthalle Kassel: 1700 Plätze,
4500,– DM Miete inkl. Nebenkosten, exkl. MwSt.

Kongreßhalle Frankfurt: 2000 Sitzplätze,
7500,– DM Miete ohne Nebenkosten und MWSt.

Schwabinger Bräu München: 944 Plätze,
4500,– DM Miete ohne Nebenkosten und MWSt.

Stadthalle Offenbach: 2500 Plätze,
7000,– DM Miete ohne Nebenkosten

Congress Centrum Hamburg Saal 1: 3000 Plätze,
7500,– DM inkl. Nebenkosten, exkl. MWSt.

Klar, welche Halle man nehmen kann und welche nicht. Will Ihnen der Sportverein Vordertupfingen seine schäbige Turnhalle mit 280 Plätzen für 500,– DM vermieten, ohne Bühne, Licht, Tische und ohne Personal, Heizung und MWSt., dann vergessen Sie's besser. Können Sie aber eine saubere Schulaula mit 380 Plätzen für 500,– DM bekommen, ist das unter Umständen billiger als Ihr eigenes Gemeindehaus. Doch Schluß jetzt mit den Denksportaufgaben.
Vielleicht gehören Sie ja zu jener verschwindend kleinen Gruppe christlicher Veranstalter, für die Geld gar nichts Irrationales ist. Vielleicht sind Sie ja keiner der vier befehdeten Meinungen verfallen und das bisher Gesagte war für Sie gar nichts Neues. Dann haben Sie also nur die Frage: Wie kalkuliere ich richtig und übersichtlich?
Da hat jeder CVJM-Landesverband, jedes freikirchliche Jugendwerk natürlich seine eigenen Modelle, Formulare, rechtlich abgesicherten Vordrucke. Da alles nicht Finanzielle von den sogenannten „Organisationsblättern" der Musikgruppen geregelt wird, beschränke ich mich im folgenden auf eines der gebräuchlichsten Kalkulations-Schemata:

1.	Programmkosten		
1.1.	Honorare f. Pers. an Tagen	=	DM
1.2.	Fahrtkosten f. Strecke PKW/LKW/Zug	=	DM
1.3.	Amortisation pro Einsatz	=	DM
1.4.	sonst. Vereinbarungen	=	DM
2.	Saalmiete		
2.1.	Miete pro Tag/Std.	=	DM
2.2.	Heizung und Strom/Nebenkosten	=	DM
2.3.	Hausmeistertrinkgeld, MWSt., sonst.	=	DM
3.	Werbung und Material		
3.1.	Plakate Pfg./Stck.	=	DM
3.2.	Handzettel Pfg./Stck.	=	DM
3.3.	Aufkleber, Info-Stand, Ordnungsamt-Gebühr, Anzeigen	=	DM
3.4.	Pappen, Stifte, Klebeband, Transparente, Büromaterial, Dekoration im Saal, Blumen	=	DM
4.	Essen und Schlafen		
4.1.	Kaffee und Abendbrot Veranstaltungstag Eigenleistung	=	DM
4.2.	Hotel/Pension/Freizeitheim mit Frühstück f. Pers. Tage	=	DM
4.3.	Restaurant/Einkauf Jugendgruppe Eigenleistung/Dank an Mitarbeiter, Zuschuß u. ä.	=	DM
5.	Organisationskosten		
5.1.	Telefonate seit Terminbuchung	=	DM
5.2.	Porto und Büromaterial	=	DM
5.3.	Stadtkilometer d. Mitarbeiter	=	DM

Gesamtkosten des Abends: DM

Und schon wird klar: Die Saal-Wahl (s. S. 30) hängt von den Programmkosten ab. Anders ausgedrückt: Auf wieviel Sitzplätze kann sich dieses Programm überhaupt kostenmäßig decken? Und die Programmkosten plus Saalkosten wiederum bestimmen den Umfang der Werbung. (Anders ausgedrückt: Wieviele Leute muß ich haben...?) Und nun nehmen wir mal an, Sie sind mit einer siebenköpfigen Profi-Band im Kongreßcentrum der Stadt, alles ißt im Restaurant Vier Jahreszeiten und schläft im Sheraton, der Eintrittspreis ist infolge Riesenwerbung auf 28,75 DM kalkuliert. Dann fängt jener ganz normale Vorgang an, den Sie nach der Kostenaufstellung erledigen müssen:

7.5. Preis drücken

1. Programmkosten: Ist der Voranschlag von Redner X und Sänger Y einsichtig? Oder gibt's da nicht jemanden, der singt und spricht genauso toll für etwas weniger, „zieht" aber doppelt so viel Publikum?

2. Saalkosten: Bleiben wir bei unserem Traumsaal oder gehen wir nun doch in die Kneipe, wo es zwar nach Hefe und Ammoniak stinkt, aber billiger ist?

3. Werbung: Halt! **Nie an der Werbung sparen.** Was unter diesem Punkt dem Rotstift geopfert wurde, endete noch immer in leeren Stuhlreihen und langen Gesichtern allenthalben.

4. Essen und Schlafen: Statt Sheraton also doch Omas Couch und statt Cordon Bleu gibt's belegte Stullen, aber bitte immer vorher die Anreisenden informieren! Wer als tourneemüder Musiker diesen Wechsel erst um 0.10 Uhr im strömenden Regen vor der Hoteltür erfährt, ist wesentlich säuerlicher, als wenn er das schon bei der Abfahrt daheim gewußt hätte!

5. Organisationskosten, die 8 % der sonstigen Gesamtkosten übersteigen, lassen darauf schließen, daß Sie ein unrationell arbeitender Bürokrat sind, der auch fernmündlich zu viel schwätzt. Stadtkilometer auf Mitarbeiter umlegen und Bürokosten dem normalen Gemeindehaushalt zurechnen. Auch hier: Vorher das Presbyterium oder den CVJM-Vorstand informieren!

Haben Sie außer an der Werbung an allen Kosten gedrückt, planen Sie die **Einnahmen außerhalb der reinen Eintrittskarte.** Und mehr noch als bei der sollten Sie hier in enger Tuchfühlung mit Ihrem Mitarbeiterkreis herausfinden, was guten Gewissens und in geistlichem Einvernehmen (nicht

etwa durch demokratische „Kampfabstimmungen“ o. ä.!) zu realisieren ist und was nicht:
Getränkeverkauf durch den Veranstalter?
Brezeln, Würstchen, Partyhappen, Obst, Müsli, Salate?
Falls es keine halleneigene Gastronomie gibt, die umliegenden Gastwirte Ihre bei der Hallenverwaltung oder dem Gewerbeaufsichtsamt erstandene Schankerlaubnis akzeptieren, und der Einkaufspreis zum Verkaufspreis in einem profitablen Verhältnis steht, sind Lebensmittel ein legitimes Mittel, finde ich.
Platten- und Büchertische, Poster, Buttons?
Sprechen Sie mit der anreisenden Musikgruppe und Ihrem „Büchertischwart“ darüber.
T-Shirts, Souvenirs, vereinseigener „Klimbim“ wie Wimpel, Pokale und Nadeln rufen vor allem bei jungen Erwachsenen und bei Journalisten den Eindruck ungezügelten Kommerzgeistes hervor, ohne daß diese Produkte unterm Strich nennenswerte Profite leisten. Andererseits: Wer meint, eine christliche Band „vermarkte“ ihren Namen zu stark, wenn sie außer Platten auch T-Shirts mitbringt, sollte sich mal die Plattenrückseite der LP „New Traditionalists“ von der New-Wave-Gruppe „Devo“ durchlesen:
13 Versand-Artikel werden da angeboten, von der 3-D-Brille bis zum gelben Trainingsanzug, und die werden bei „Devo“-Konzerten natürlich auch verkauft.
Haben Sie nun Ihre Veranstaltung wasserdicht kalkuliert und trotzdem 900,– DM Miese gemacht (weil ein Fußballspiel im Fernsehen kam oder die eingeladene Musikgruppe drei Tage vorher im Nachbardorf mit Pauken und Trompeten durchgefallen war, was sich herumsprach ...), dann träumen Sie plötzlich von Einnahmen außerhalb der reinen Eintrittskarte und des Lebensmittelverkaufs – von den Zuschüssen nämlich.
Doch Zuschüsse kriegt man selten hinterher mit den Rechnungen in der Hand, sondern vorher mit der Kalkulation in der Hand. Wenn schon nicht in bar, dann wenigstens als Deckungszusage des „Bruderrates“, des „Vorstandes“ oder des Presbyteriums.
Müssen Sie hinterher die Deckungszusage in Anspruch nehmen, sollten Sie den Geldgebern mal die Pro-Kopf-Kosten „eintrittsloser“ traditioneller Gemeindeveranstaltungen vor-

rechnen. Auf einer Tagung für Kirchenvorsteher machte der landeskirchliche Beauftragte Artur G. Ziegenhagen darauf aufmerksam, daß in der evangelischen Landeskirche Bayerns jeder Gottesdienstbesucher Sonntag morgens zwischen 90,– und 450,– DM kostet! (idea v. 2. 2. 83, S. 5)
Zuschüsse gibt es nicht nur beim Dekanat, beim Landesjugendpfarramt oder beim Gesamtverband Ihres Vereins: Wer den Behördenweg nicht scheut, Mitglied im Stadtjugendring ist und den „jugendpflegerisch wertvollen, pädagogisch bedeutsamen, suchtprophylaktisch wünschenswerten und überhaupt gesellschaftlich relevanten Stellenwert" seiner Veranstaltung zu verdeutlichen weiß, holt manchen Taler aus Vater Staats bodenlosen Taschen.
Gibt es weder kirchliche noch staatliche Zuschüsse, dann gibt es vielleicht einen oder mehrere private Sponsoren: Welcher betuchte Christ im Umkreis von 50 Kilometern ist so eng mit Ihnen befreundet oder vom geplanten Programm so begeistert, daß er eine Deckungszusage machen würde oder Ihrer – als gemeinnützig anerkannten Gemeinde! – Organisation steuerabzugsfähig etwas spendet? Und wenn's mit der Gemeinnützigkeit noch hapert: Ist der Sponsor ein Getränke- oder Musikalienhersteller, eine Plattenfirma, ein Jeansladen oder eine Eisdiele, ein Bekleidungs- oder Sportgeschäft, eine Druckerei oder sonst irgendwas, was Sie auf Plakaten und Handzetteln unaufdringlich erwähnen könnten („und hinterher ins ‚Napoli'!"), dann sind die „blauen Riesen" des milden Spenders auch ohne Gemeinnützigkeit als echte Werbungskosten steuerlich absetzbar. Kein Veranstalter im industrialisierten Westen Europas braucht meines Erachtens dem eingeladenen Referenten mit der Wanderkarte in der Hand die gefahrenen Kilometer nachzurechnen, um 5,50 DM runterzuhandeln. (So geschehen bei einem Veranstalter im Frankfurter Raum, der beruflich an der Börse spekuliert...) Kein Veranstalter hatte es meines Erachtens nötig, in werbenden Zeitungsartikeln zu schreiben „wir bitten die Bevölkerung um zahlreiches Erscheinen, damit die immensen Kosten dieses Abends gedeckt werden können!" (So geschehen in einem Hamburger Vorort).
Evangelisieren wird auch in den kommenden Jahrzehnten bezahlbar bleiben, wenn Sie es „ohne Falsch wie die Tauben, aber schlau wie die Schlangen" anpacken.

8. Was bleibt?

Seelsorgliche und organisatorische Nacharbeit

„Gott will, daß allen Menschen geholfen werde und sie zur Erkenntnis der Wahrheit kommen“, diese Willenserklärung Gottes aus 1 Tim 2,4 sollte Sie vor einer zu eng gefaßten Zielsetzung für Ihre Veranstaltung bewahren. Wer das, was bleibt, nur nach Köpfen zählt (also „wie viele Bekehrungen gab es“, „wer ist dauerhaft neu in die Gruppe gekommen“), der übersieht leicht die sonstigen Geschenke seines liebevollen Vaters.

„Erkenntnis der Wahrheit“ wird ja nicht nur durch die „Übergabe“ eines jungen Menschenlebens an den Herrn und Heiland Jesus Christus im klassischen Bekehrungsgespräch pietistischer Prägung sichtbar. Wenn ein Nichtglaubender ein Stück Wahrheit über sich selbst erkennt, ein Stück Wirklichkeit Gottes in unserer Zeit erlebt und sich darüberhinaus für die Wahrheit, Jesus Christus nämlich, aufrichtig interessiert – dann ist auch ihm, dem Nichtbekehrten, heute abend schon viel „geholfen“ worden.

Wenn ein Nichtglaubender Ihre Veranstaltung als Raum des Ausatmens, des Friedens und der fröhlichen Gemeinschaft erlebt und sich bei Ihnen „wohl“ fühlt – auf einer rein zwischenmenschlichen Ebene zunächst –, wenn er mehr unterbewußt als ausformuliert das Heil erahnt, von dem hier gepredigt oder gesungen wird – dann ist ihm für heute schon „geholfen“, weil er trotz nach außen gekehrter Skepsis oder Geringschätzung „nicht ferne ist vom Reich Gottes“ (Mk 12,34).

Kontakte schaffen mit Gemeindefremden, Freund werden mit Nichtglaubenden, ehrlich an der Person des Besuchers interessiert sein und für eine Beziehung zu ihm überhaupt Zeit, Kraft und Willen haben – das scheint mir einer dauerhaften Christusnachfolge zuträglicher zu sein als kurzentflammte emotionale Höhepunkte mit hehren, aber schwer haltbaren Versprechungen.

8.1. Was Ihre Veranstaltung leisten kann

Ruf zur Entscheidung und Christusnachfolge

Trotz des Vorausgeschickten sollten Sie sich natürlich ganz ohne erwecklichen Pathos zu dieser Zielsetzung weiterhin bekennen. Ihren Gästen und den eingeladenen Dienstgruppen gegenüber. Der Nichtchrist erwartet es sowieso, geworben zu werden („belabert", „fromm angemacht" zu werden ...) und hat lange bevor er Ihren Saal betritt, schon innerlich Vorsichtsmaßnahmen getroffen. Überraschen können Sie ihn höchstens noch mit der Art, wie Sie ihn werben und in die Christusnachfolge rufen wollen.
Wenn die „Fremden" aus Ihrer Veranstaltung kommen, wie Sie von einem guten Zahnarzt kommen, dann ist unbezahlbar viel gewonnen: „Es war halb so schlimm, wie ich dachte. Die wissen, wo die faulen Stellen sind und fühlen dir auch auf den Nerv, aber bohren nicht stundenlang drauf rum".

Public Relations für Jesus

Blättern Sie mal die Zeitschriften auf solche Anzeigen hin durch, die keine direkte Produktwerbung machen, sondern lediglich Wohlwollen für den Firmennamen erzeugen. Selbst in der teuren Fernsehwerbung finden sich Beiträge, die nichts weiter wollen, als Ihnen eine positive Grundstimmung, ein „Eingenommensein", für diesen oder jenen Namen zu suggerieren. **Nun gut, wenn für einen Menschen „Gottes Stunde" noch nicht da ist und es weder zu einem seelsorglichen Gespräch noch zu Bekehrung oder gar Taufmeldung kommt, dann haben Sie ihm wenigstens eine sehr ansprechende Visitenkarte des Reiches Gottes abgegeben.**
Vorurteile abbauen, eine positive Grundhaltung, einen Anerkennungserfolg erzielen, wird Ihnen dann nicht mehr als billige Selbsttröstung vorkommen, wenn Sie mal feststellen, wie oft in den Medien oder Schulen der Glaube lächerlich gemacht wird. Kraß gesagt befinden Sie sich ja auch in einem Propaganda-Krieg gegen Blasphemie, Gotteslästerung und platte intellektuelle Überheblichkeit. Also nur Mut zu „Public Relations" für Jesus!

Seelsorge und Lebenshilfe an allen

Münzen Sie nicht jedes Gespräch mit „Fremden“ gleich auf „Gottsuche“ oder „Bekehrungs-Anmarsch“. Wenn ein Nichtglaubender, egal ob Agnostiker, Atheist, Marxist, Anthroposoph oder Nihilist – eine konkrete Frage nach Hilfe in einer rein profanen Angelegenheit hat, dann sollte er von uns auch eine auf profaner Ebene praktische Hilfe angeboten bekommen! Lösungswege, die eine Vertrauensbeziehung zu Christus voraussetzen, akzeptiert er ja nicht. Also poltern Sie nicht einfallslos daher „na ja, als Nichtchrist gibt's dafür keinen Ausweg“!, sondern **zeigen Sie, daß man bei den Frommen auch ohne fromme Vorleistung Rat und Hilfe bekommen kann.**

Katechese vermitteln

Sie haben recht gelesen: Ihre Veranstaltung kann bzw. sollte auch schlichtweg Glaubenslehre bieten. Das Grundwissen der nachwachsenden Jugendgenerationen über elementare Bestandteile des christlichen Glaubens ist mangels kirchlicher Bindung der Eltern, unterbliebenen Religions- oder Konfirmandenunterrichts oft Null. Absolut Null. Das ist beunruhigend und verheißungsvoll zugleich: Sie haben die Chance, wie ein Missionar im 19. Jahrhundert Ersteindrücke, Grundwissen, Gottesvorstellungen zu vermitteln, und können, ohne viel frommen Schutt wegräumen zu müssen, bei Teenagern z. B. regelrecht religiöse Sozialisation anlegen.
„Evangelisation“ heißt meiner Beobachtung nach deshalb immer auch Informationsveranstaltung.

Neue Identifikationspunkte für innerlich Ausgewanderte bieten

Machen wir uns nichts vor: Der landeskirchliche wie freikirchliche Pietismus in Deutschland ist eine ehemalige Erwekkungsbewegung in der (kirchengeschichtlich gesprochen!) Phase der Institutionalisierung, der Verkrustung und formalen Erstarrung. Daß es keine geschriebene Dogmatik des Pietismus gibt und auch keine festgelegten liturgischen Ordnungen, macht die Sache nicht spontaner, denn die ungeschriebenen Gesetze sind bekanntlich die strengsten. Wo statt praktikabler Antworten auf skeptisch-philosophische

oder betroffen-sozialethische Fragen nur lautstarke Wiederholungen fundamentalistischer Schnellschuß-Erklärungen oder erbauliche Erinnerungen an leichtere Zeiten kommt – da erträgt es die zweite Generation Nachkriegskinder eben nicht mehr, die enorme Spannung zwischen dem evangelikalen Menschen- und Weltbild und der vorfindlichen Wirklichkeit ausbalancieren zu müssen. **Wo sich bibelfromme Lebensentwürfe der eigenen Persönlichkeitswerdung in den Weg stellen, kommt es oft genug zur inneren Emigration.** Jene schweigende, aber im Untergrund maulende oder stänkernde Gruppe von Jugendlichen und jungen Erwachsenen in den Gemeinden, die zwar Christ sein wollen, aber eben nicht so Christ sein wollen.
Ihre Veranstaltung kann neue Identifikationspunkte für innerlich Emigrierte bieten und noch dazu ein Betätigungsfeld für jene sein, die sich für ein betuliches Gemeindefest eben nicht betätigen würden.

Public Relations für unseren Laden

Ohne falsche Bescheidenheit sollte die Veranstaltung auch Werbung für Ihre spezielle Abordnung des Reiches Gottes machen dürfen. Wenn Hinz und Kunz mit öffentlichkeitswirksamen Aktionen ihre Marke ins Gespräch bringen, dann sollten wir Frommen ruhig Mut zu einem Schuß Repräsentation gewinnen und uns – zumal in mittleren und kleinen Städten – als ernstzunehmende gesellschaftliche Kraft vorstellen und empfehlen. Was „CVJM“, was „Baptisten“, was „Methodisten“ bedeutet, ist der Herr Nachbar ja erst dann bereit zu kapieren, wenn der von ihm geschätzte Bürgermeister sein (übrigens meist nichtssagendes) Grußwort dort entrichtet hat.

Zu jedem der hier erwähnten möglichen Ziele einer evangelistischen Veranstaltung gäbe es theologisch eine Menge anzumerken. Dieses Buch kann und will aber nicht die in den letzten Jahren erfreulich differenziert angewachsene Seelsorge-Literatur zusammenfassen oder Ihnen einen Minischnellkurs in Psychotherapie verpassen (womöglich inklusiv einer Wiedergabe des Dauerkonflikts zwischen Psychotherapie und Seelsorge ...). Das Organisieren der seelsorglichen Nacharbeit aber – das will dieses Buch ein wenig erhellen, und das muß von den Zielen Ihrer Veranstaltung ausgehen. Kurz: Erst wenn Sie wissen, was Sie alles wollen, können Sie entscheiden, wie Sie es zu erreichen gedenken. Empfehlenswert sind in jedem Fall:

8.2. Geschulte Gesprächshelfer

Wenn der letzte Ton verklungen oder das letzte Wort gesagt ist, werden nicht sämtliche Mitarbeiter zum donnernden Ineinander-Stapeln der Stühle eilen, sondern vier bis vierzehn von ihnen stellen sich im hinteren Teil des Saales, im Foyer oder vor der Halle dem Besucherstrom entgegen. Es kostet ein bißchen Überwindung, „ansprechbar" herumzustehen oder mehrere Minuten lang ziellos durch die Menge zu schlendern, bis die Frage „Wie hat's Dir gefallen?" „Bist Du das erste Mal hier?" oder „Kommst Du noch auf ein Glas mit in den Teekeller?" zu einem Gespräch führt. **Diese Überwindung lohnt sich, denn manchmal warten Leute insgeheim darauf und erhoffen es regelrecht, noch mit jemandem zwanglos klönen zu können oder einen der Verantwortlichen mal näher kennenzulernen.** Ob diese gesprächsgeschulten Mitarbeiter nun leuchtend orange Anstecker tragen („Seelsorgehelfer" macht z. B. jeden, der ihn auch nur nach dem Weg zum Klo fragt, zu einem Hilfesuchenden für die Umstehenden) oder einfach dezente Namensschilder haben („Hallo Patrizia-Eleonore!") bzw. überhaupt nicht äußerlich kenntlich sind, sollten Sie je nach Ortssituation entscheiden („unsere EC'ler kennt hier jeder!").
Wichtiger als die Etikette ist die Attitüde!
Genügend solcher generell schon auf Seelsorge spezialisierten Mitarbeiter sind u. a. deshalb nötig, weil außer Hilfesuchenden und verstockten Gottesleugnern (!) ja auch Menschen da sind, die weder Hilfe suchen, noch Gott leugnen, sondern einfach von Ihnen angesprochen werden müssen: „Ach, der Reporter vom Lokalblatt will ein Interview ...", „und da drüben Pfarrer XY aus der Nachbargemeinde hatte Geburtstag...", „sogar der Ortsvorsitzende der ‚Grünen' ist gekommen und der Hausmeistersfrau sollte ich mal eben Danke sagen ..." Halten Sie sich oder einen Ihrer Mitarbeiter auch für solche Kontakte frei!

8.3. Teestube, Konzert-Café oder Nebenräume

Haben Sie ein Gespräch angeknüpft oder wurden von einem Besucher angesprochen, dann entscheidet der Inhalt des Gesprächs, ob man dazu im lärmerfüllten Foyer stehenbleibt oder sich in einen gemütlichen Teekeller setzt. Schieben Sie niemanden mit besorgter Miene in ein Hinterzimmer, nur weil er sagt: „Ich weiß nicht, ob ich Mathe gepackt hab'...", aber fertigen Sie andrerseits auch eine den Tränen nahe Mutter nicht schulterklopfend auf dem Parkplatz ab.
Gibt es (in der kahlen Turnhalle z. B.) einfach keine halbwegs stille Ecke, dann stellen Sie im entlegensten Winkel zwei Stühle zusammen und vertrauen drauf, daß Ihre Mitarbeiter alle organisatorischen Dinge selbst regeln und Ihnen den Hausmeister vom Hals halten. Zu den Äußerlichkeiten eines solchen Nebenraums ist in Kapitel 4.3. alles wesentliche gesagt.

8.4. Kommentarkarten

Diese „Kommentarkarte" hat sich, zumindest für Musikveranstaltungen, als unaufdringliche, aber wirkungsvolle Form der Nacharbeit bewährt:
Sie kopieren so viele Kommentarkarten, wie es Sitzplätze gibt, verteilen sie zusammen mit billigen Massen-Kugelschreibern (oft bei Firmen für Werbegeschenke in großen Stückzahlen billig zu haben) am Eingang oder in der Konzertpause und bitten darum, sie ausgefüllt am Ausgang in eine entsprechend gekennzeichnete, deutlich sichtbare Papp-„Wahlurne" zu werfen.
Erfahrungsgemäß geben 20 bis 40% der Besucher ihren Kommentar ab. Stellen Sie sich also drauf ein, am nächsten Morgen bis zu 250 Zettel auszuwerten: Das Ergebnis der ersten zwei Zeilen teilen Sie den Bühnenakteuren oder dem Redner mit. Das Ergebnis der dritten Zeile sagt Ihnen, ob Sie auch beim nächsten Mal mit Besuchern rechnen dürfen und ist oft ein gewichtiges Argument beim Lockermachen von Subventionen. **Die „Ja"-Stimmen der vierten Zeile – diese Leute sollten Sie anrufen, besuchen, kennenlernen, einladen!**

Kommentarkarte

Uns interessiert Deine Meinung zu diesem Abend!

Meine Meinung zur Musik: ______________________________

____

Meine Meinung zu den Texten und Ansagen: ______________________________

____

Es sollten weitere Konzerte hier veranstaltet werden: Ja/Nein

Ich würde über die Aussagen dieses Abends gerne mal persönlich mit einem Christen sprechen: Ja/Nein

Meine Adresse: ______________________________

____

____

Bitte gib' die ausgefüllte Kommentarkarte am Ausgang ab!

Bitte keinen hektographierten Rundbrief an jemanden, der den Mut besaß, schriftlich um ein „persönliches Gespräch" (!) zu bitten !! Und wenn Sie mit todmüdem Kopf am nächsten Morgen 120 oder mehr Gesprächsadressen aus den Pappkartons der vier Stadthallen-Ausgänge ziehen: Diese Leute müssen Sie anrufen und besuchen. Erwarten Sie aber nicht überall, auch erwartet zu werden ... Mancher, der im frischen Eindruck eines tatsächlich beeindruckenden Abends „Ja" ankreuzte und seine Telefonnummer hinterließ, hat nach ein paar Tagen schon wieder ganz andere Sorgen.
Einen völlig legitimen Vorteil für Ihre Gemeindearbeit dürfen Sie sich aus der vierten Zeile unabhängig vom Gesprächsverlauf verschaffen: Notieren Sie alle abgegebenen Adressen aus der Kommentarkarte in eine „Freundeskreis-Kartei" und schicken Sie denen vor der nächsten besonderen Veranstaltung einen Einladungsbrief.

8.5. Das geistig-geistliche Hasenbrot

Im Zeitalter eines dichten Raststätten-Netzes, gut geführter Zugrestaurants und meist exquisiter Flugzeugkost ist das sogenannte „Hasenbrot“, die Wegzehrung also, etwas aus der Mode gekommen. Aber einen geistigen und geistlichen Reiseproviant sollten Sie Ihren Gästen ruhig auf den Lebensweg mitgeben. Wer weder eine Kommentarkarte ausfüllte, noch in die Teestube kam und sich nicht mal im Foyer zu einem Schwätzchen herabließ, den – beschenken Sie! **Mit einer Broschüre, einem kleinen Taschenbuch, einer guten christlichen Verteilzeitschrift am Ausgang.** Am Ausgang betone ich, damit nicht hunderte von ausgelesenen Traktaten unter den Sitzen liegen und gut betone ich, weil es im publizistischen Christdeutschland wesentlich mehr schlechte als gute gibt. Leider. Lesen Sie alles, was Sie zu verteilen gedenken, vorher selbst. Erkundigen Sie sich bei den zwei großen evangelikalen Verlagsketten sowie bei den evangelischen Einzelverlagen und auch bei den katholischen Anbietern, was sie an preisgünstigem Massenverteilschriftum liefern.

8.6. Der Bücher-, Platten- und Postertisch

Ja, auch der allgegenwärtige Kleinhandel am Rande evangelistischer Veranstaltungen kann von Ihnen seelsorglich genutzt werden (egal, ob Sie selbst, eine örtliche christliche Buchhandlung oder die angereiste Gruppe ihn betreibt): Für viele Besucher ist es unverbindlicher und deshalb leichter machbar, „mal ein bißchen in Platten und Büchern zu stöbern“ und dabei in ein tiefergehendes Gespräch zu kommen, als im Kaltstart den Sänger oder Redner auf ein persönliches Problem hin anzusprechen. Und:

Gemeindefremde Besucher, die am Büchertisch stehen, haben ein Quäntchen mehr Interesse als alle anderen, die schnell hinausströmen. Und: Sie haben ein harmloses Utensil in der Hand, über das sich ein tiefergehendes Gespräch erstmal anknüpfen läßt ...!

8.7. Zur organisatorischen Nacharbeit

Zur organisatorischen Nacharbeit gehört, daß Sie möglichst mit Bargeld die Musik- oder Pantomimegruppen am Veranstaltungstag abrechnen können.

Der galante Scheck nützt den Zugvögeln wenig, wenn morgen ein Sonntag ist, sie aber mit ihrem dieseldurstigen LKW 600 km von zu Hause weg sind. „Abstecher" von der Autobahn in die Banken-bestückten Innenstädte verursachen außer Parkplatznöten meist eine gute Stunde Fahrzeitverlängerung. Fällt Ihnen außer dem Scheck nur noch die Überweisung ein, dann versetzen Sie sich bitte für eine Minute in das Portemonnaie eines Musikers: Zehn Tage unterwegs, Gesamtkilometerleistung 2.300 km, zweimal am Tag im Restaurant essen, alle zwei Tage für 10,– DM zu Hause anrufen und immer mit etwa 250,– DM für Pannen und Reparaturen gewappnet sein – das kann ein BaföG-Empfänger nicht aus der Privatschatulle vorstrecken, und wenn er es könnte, wäre es unvernünftig, mit soviel Bargeld im Parka herumzureisen. Also verlassen Sie sich bitte nicht auf die Schnelligkeit ihres kirchlichen Rentamtes, sondern nehmen Sie das bare Nötigste zur Veranstaltung mit! Quittungsblock ebenfalls, denn mancher hat schon um Mitternacht den Abreisenden ein paar Pfund Zwei-Mark-Stücke aus der Eintrittskasse in die Taschen geschaufelt, aber keinen Beleg dafür bekommen…

„Der Letzte macht das Licht aus" – entweder Sie selbst sind dieser Letzte, oder ein verantwortungsbewußter Mitarbeiter kontrolliert nochmal Bühne, Garderoben, Toiletten, Flure, Nebenräume usw. auf Fundsachen, glimmende Zigarrettenstummel, eingeschaltete Kaffeemaschinen, Autoschlüssel in der Zuckerdose, teure Leder/Goldschnitt-Bibeln unterm Tisch. Als ich bei einem solchen Rundgang Anfang der Siebziger Jahre auf der Trennwand zwischen Herren- und Damentoilette ein komplettes Fixer-Geschirr entdeckte – Spritze, Löffel, Kerze, Gürtel –, bekamen der Küster und der Pfarrer ein völlig neues Gefühl für die möglichen Besucher ihres Gotteshauses…

Problematischer als liegengebliebene Führerscheine sind scheinbar führerlos liegengebliebene Teenager: Angst vor zu spätem Heimkommen, die gefühlswarme Stimmung des schönen Abends oder auch die Hoffnung auf ein spannendes Erlebnis – „Was der Herr Jugendpfarrer dann wohl mit mir anfangen wird?" – veranlassen manche Unreife dazu, einfach sitzenzubleiben. Falsches Mitleid („Mensch, das ist ja wirklich schlimm; natürlich kannst du auch bei uns übernachten, und überhaupt ...") bringt Sie in Gefahr (wenn nämlich der aufgelöste Vater so gegen 2.00 Uhr bei Ihnen anruft oder von vornherein die Polizei klingelt), falsche Härte bringt den kleinen Nestflüchter in Gefahr („also weißte, wenn du den letzten Bus einfach sausen läßt, dann drückste dich eben bis zum Sonnenaufgang am Bahnhof rum, basta!"). Beißen Sie in den sauren Apfel und fahren Sie alle menschlichen Restbestände der Veranstaltung eigenhändig nach Hause.

8.8. Dankeschön

Ein kräftiges Dankeschön an Ihre Mitarbeiter muß sich nicht im warmen Händedruck erschöpfen: Ein oder zwei Wochen nach der Veranstaltung laden Sie die treuen Kämpfer zu einem gemütlichen Beisammensein ein und lesen bei Party-Happen und Salaten die Auswertung der Kommentarkarten, die Zeitungsartikel und sonstige Echos vor. **Jetzt (erst jetzt!) hat auch eine Manöverkritik Sinn, weil etwaiger Emotionsdampf über Versagen und Fehlverhalten zum größten Teil abgelassen ist. Mit Sicherheit hören Sie bei dieser „Dankeschön-Party" noch Eindrücke, Meinungen und Besucher-Echos, die Sie bisher nicht kannten.**

9. Immer Ärger mit der GEMA

Wenn Sie meinen, außer der „Freude im Himmel über einen Sünder, der Buße tut", werde auch Freude bei den Institutionen sein über einen Veranstalter, der was zur Musikpflege tut, dann täuschen Sie sich: Eine saftige Rechnung der nächstgelegenen GEMA-Bezirksdirektion hat schon manchen Veranstalter in Angst und Kosten gestürzt und ihm das Konzertemachen unter Umständen verleidet. Wenn auch Sie es leid sind, als Veranstalter missionarischer Konzerte dauernd nach Kriterien für kommerzielle Gastwirte, Disco-Besitzer und Tanzveranstalter bemessen und zur Kasse gebeten zu werden, dann bitte ich Sie, in Ihrem eigenen Interesse jetzt kräftig durchzuatmen und vor ein paar Seiten Juristendeutsch nicht gleich zu kapitulieren:

9.1. Was ist das eigentlich – die GEMA?

Eine berufsständische Inkasso-Gesellschaft der Komponisten, Texter und Musikverleger, „Gesellschaft für musikalische Aufführungs- und mechanische Vervielfältigungsrechte" geheißen.
Wenn Ihnen ein Einbrecher die von Tante Amalie vererbte Rubinbrosche klaut und die Polizei den Mann verfolgt, dann tut sie das, weil das Grundgesetz der BRD den „Schutz des Eigentums" garantiert. Solches „Eigentum" im Sinne des Artikel 14 Absatz 1 Satz 1 des Grundgesetzes ist auch „die in einem vom Urheber geschaffenen Werk verkörperte geistige Leistung", hat das Bundesverfassungsgericht entschieden (BVerfG 31, S. 229 und 238 ff 1978). Denn schon in der Allgemeinen Erklärung der Menschenrechte durch die Vereinten Nationen vom 10. 12. 1948 heißt es im Artikel 23: „Jeder hat Anspruch auf Schutz der ideelen und Vermögensinteressen, die sich aus einer wissenschaftlichen, literarischen oder künstlerischen Urheberschaft ergeben." Der Staat ist also auch verpflichtet, geistigen Diebstahl zu verhindern bzw. die unvergütete Nutzung dieses Eigentums durch andere zu verfolgen. Das neue Urheberrecht vom 9. 9. 1965 (vorher galt eins von 1901, als es weder Tonband noch Fernsehen gab ...), nennt als Gegenstand des Schutzes alle „persönlichen geisti-

gen Schöpfungen wie z.B. Sprach-, Musik- und Lichtbildwerke" (§ 2, Absätze 1, 2, 5, 6 UrhG).

Nun garantieren die Verfassungen demokratischer Staaten darüber hinaus auch „Persönlichkeitsrechte" wie z.B. das Recht, über sein Eigentum frei zu verfügen. Es ist Ihnen bekanntlich unbenommen, Ihre Nobelkarosse zu Schrott zu fahren oder vorher gewinnbringend zu verkaufen. Ebenso ist es dem Besitzer einer „geistigen Schöpfung", dem „Urheber" also, zugestanden, „allein zu bestimmen, ob und wie sein Werk veröffentlicht wird. Dem Urheber steht zum Schutz seiner wirtschaftlichen Interessen das Recht zu, sein Werk in jeder beliebigen Art zu verwerten. Dazu gehört das Recht zur Vervielfältigung, der Verbreitung, Ausstellung und das Recht zur unkörperlichen öffentlichen Wiedergabe, insbesondere das Vortrags-, Aufführungs- und Vorführrecht sowie das Senderecht." (§ 12 Abs. 1; § 15 Abs. 1 und 2; §§ 16–22 UrhG) Warum dem Kreativling dieses „alleinige Verwertungsrecht" zusteht, obwohl sein Werk ja auf öffentliche Nutzung hin geschaffen wurde (Ein Komponist will gespielt, ein Dichter vorgelesen, ein Drehbuchautor will inszeniert werden)?! „Weil es der Eigentumsgarantie in unserer Verfassung widerspricht, wenn die Urheber ihr Schaffen ohne erkennbare Gründe des Gemeinwohls vergütungsfrei zur Verfügung stellen sollen." (E. Schulze: „Das Urheberrecht in der Musik", 5. Aufl. zit. n. GEMA-Broschüre Int. Funkausstellung Berlin 1983, S. 15). So weit, so einsichtig.

Nun konnte noch kein Staat jemals diese Aufsicht über eine ordnungsgemäße Vergütung sämtlicher Werke von sämtlichen Urhebern leisten. Das Preußische Staatsministerium verlieh deshalb am 28. 9. 1933 (...!) einem „wirtschaftlichen Verein" (??) namens STAGMA die Rechtsfähigkeit, diese Aufsicht wahrzunehmen. Nach dem Zusammenbruch des Nazi-Regimes änderten die Besatzungsmächte daran außer dem Namen gar nichts: Als „GEMA" sollte die STAGMA nun auch im demokratischen Deutschland den Nutzungs-Spürhund machen (Kontrollratsverfügung Nr. 55c v. 24. 8. 1947). Daß den Verfassungsauftrag zum Schutz geistigen Eigentums kein Verfassungsorgan, sondern ein privates Wirtschaftsunternehmen erledigte, störte denn auch die Gründer

der Bundesrepublik 1949 nicht; im Gegenteil, sie verliehen der GEMA noch den Status der Gemeinnützigkeit. (BGB § 22). Ihnen, dem zahlungspflichtigen Konzertveranstalter, wird der Grund der Gründung in einem Merkblatt folgendermaßen plausibel gemacht:

„Da es ... für die Musikveranstalter mit zu großen Schwierigkeiten verbunden sein dürfte, sich für die Nutzung jedes einzelnen Werkes vom Urheber unmittelbar die Einwilligung zu verschaffen, haben die Komponisten, Texter und Musikverleger zur Wahrnehmung der ihnen ... zustehenden Rechte die GEMA gegründet."
So treuherzig kann man eine Inkasso-Gesellschaft als Arbeitserleichterung porträtieren.

9.2. Sind denn alle Lieder geschützt?

16 600 Urheber (Stand 1984) haben sämtliche Verwertungsrechte ihres geistigen Eigentums der GEMA vertraglich übertragen. Sie ist es nun, die das Liedrepertoire zur Aufführung im Konzert, zur Vervielfältigung auf Platten und Cassetten, zur Sendung im Rundfunk und Fernsehen genehmigt und für die Nutzung kräftig kassiert. Wie kräftig, darauf haben die Urheber nach der Übertragung der Verwertungsrechte keinen Einfluß mehr. Die GEMA hat aber auch die treuhänderische Verwaltung aller ausländischen Kompositionen vertraglich von den dortigen Verwertungsgesellschaften übernommen und betont halb eitel, halb drohend immer wieder, „praktisch über das Weltrepertoire der Musik zu verfügen". Da ein Urheber in Deutschland nur dieser Organisation beitreten kann (während es in den USA z. B. die meines Erachtens gesunde Konkurrenz von BMI und ASCAP gibt), „kann die GEMA in ständiger Rechtssprechung den ‚Beweis prima facie' für sich beanspruchen. Mit Rücksicht auf die wenn auch nicht rechtliche, so doch tatsächliche Monopolstellung der GEMA ... mit einem fast lückenlosen Repertoire ... besteht eine tatsächliche Vermutung, daß bei einer öffentlichen Aufführung das Repertoire der GEMA benutzt wird." (Mestmäcker/Schulze: Urheberrecht-Kommentar Anm. 6 zu § 97 UrhG zit. n. „Urheberrecht in der Musik" 5. Aufl. S. 117)

„Wenn auch nicht rechtlich, so doch tatsächlich ..." – man muß diesen Satz mal auf der Zunge zergehen lassen (er stammt schließlich von der GEMA selbst). Da steht zwar in § 10 Anhang A 3 BGBl I 1965 S. 1294 ff, „die Verwertungsgesellschaft ist verpflichtet, jedermann auf schriftliches Verlangen Auskunft darüber zu geben, ob sie die Nutzungsrechte an einem bestimmten Werk oder bestimmte Einwilligungsrechte oder Vergütungsansprüche für einen Urheber... wahrnimmt", in der Realität „ständiger Rechtsprechung" (s. o.) kommt das aber so gut wie nie vor. Da gibt es zwar im Recht für gewerbliche Wirtschaft den § 22, der „marktbeherrschende Unternehmen" in die Pflicht nimmt; da wurde die GEMA zwar mal der „Vereinsaufsicht durch das Münchner Patentamt unterstellt" (§§ 1, 2 und 18 UrhWG) und könnte sogar „der Mißbrauchsaufsicht des Bundeskartellamtes" anheim fallen (§ 24 UrhWG) – in der Realität aber hat es die GEMA immer wieder geschafft, sich staatlicher Kontrolle zu entwinden. Zum Beispiel dadurch, daß man das Patentamt auf das „bloße Überprüfen der Rechtmäßigkeit des Handelns (der GEMA)", zurückstutzte, und etwaige „Zweckmäßigkeitsüberlegungen" durch das Patentamt als „nicht zulässig" zurückwies. (GEMA-Nachrichten Heft 108, S. 85 und 88). Und sogar für den Fall, daß die GEMA mal unrechtmäßig handeln sollte, hat sie eine Antwort gegen ihre Beaufsichtiger parat: „Andererseits legitimiert nicht jeder behauptete rechtliche Verstoß das Eingreifen der Aufsichtsbehörde!" (Schulze a. a. O. S. 115). Der in den §§ 43 und 44 BGB geäußerte Gedanke, daß das Kartellamt der GEMA die „Rechtsfähigkeit entziehen" könnte, ist ein müder Witz. Weil das Kartellamt so müde ist?

Wenn Sie zu jenem verschwindend kleinen Teil von Lesern gehören, die auch Quellenangaben mitdenkend zur Kenntnis nehmen, ist Ihnen vielleicht aufgefallen, daß ich eben nach einem Zitat aus einem Urheberrechts-Kommentar sagte, der Satz stamme schließlich von der GEMA selbst. Wie das? Ganz einfach: Ein beträchtlicher Teil der juristischen Literatur zum Urheberrecht seit 1965 stammt von Prof. Dr. jur. h. c. Erich Schulze. Nicht zufällig ist Herr Schulze auch Generaldirektor und Vorstandsvorsitzender der GEMA...

Alle Gerichte müssen sich ja bei der Urteilsfindung auf juristische Lehrbücher, auf Gesetzeskommentare und auf die

berühmte „bisherige Praxis" der Rechtsprechung stützen. In der „bisherigen Praxis" sitzt aber immer Herr Schulze auf der Kläger-Bank und sein Standardwerk nebst seinen bisher erfochtenen Urteilen liegt auf dem Richtertisch!
Sicher wäre es verfrüht zu sagen, die GEMA prozessiere an Hand von Gesetzen, die sie sich selbst maßgeschneidert habe. Aber ähnlich wie bei Meßwerten, DIN-Normen, Umweltschutzauflagen und Sicherheitsbestimmungen, die der Gesetzgeber den Industriebetrieben auferlegt, nachdem er sich von den Fachleuten eben dieser Industriebetriebe beraten ließ, was der Staat denn so fordern könne – ähnlich interessenhörig und blauäugig scheint manches Gericht in Sachen Urheberrecht einer Expertokratie der GEMA-Juristen aufzusitzen.

Wenn in keinem Wartezimmer und keinem Supermarkt, in keiner Betriebsfeier, auf keinem Volksfest und in keinem Gottesdienst auch nur ein Pieps Musik erklingen darf, ohne daß ein und dieselbe Institution gut verdient; wenn ein Künstler entweder dieser Institution beitritt oder aber erwerbslos bleibt – dann müßten doch eigentlich nicht nur besorgte Demokraten, sondern sogar schon alle Befürworter freier Marktwirtschaft Bauchschmerzen bekommen.

Nur wenn Sie Lieder von Komponisten aufführen lassen, die vor mehr als 70 Jahren von hinnen schieden, können Sie sicher sein, tantieme-freies Repertoire zu benutzen. Welch ein Trost.

9.3. Warum gehen christliche Komponisten in die GEMA?

Weil die Tantiemen aus Schallplatten, Cassetten, Videos, Rundfunk- und Fernsehsendungen von der GEMA bei der Herstellerindustrie und bei den Sendern in jedem Fall eingezogen werden. § 5 Abs. 1 des GEMA-Verteilungsplanes besagt: „Die GEMA bewirkt die Ausschüttung an diejenigen ..., welche ihr ... als die Empfangsberechtigten bekannt sind." Das Geld derer, die ihr nicht bekannt sind, behält sie schlichtweg ein.

9.4. Warum nicht teilweise verzichten?

Könnte ein christlicher Liedermacher dann nicht GEMA-Mitglied nur bezüglich der mechanischen und Sende-Tantiemen werden, auf seine Aufführungstantiemen jedoch verzichten und die GEMA anweisen, diese nicht bei mir, dem Veranstalter, einzuziehen? Genau das haben christliche Liedermacher versucht, als die GEMA 1981 das Missionswerk „Jugend-für-Christus" auf 120000.– DM Schadenersatz verklagte. Entscheid des Landgerichts Frankfurt vom 29. 7. 1981:
„Die Klägerin (d. h. die GEMA) ist trotz entsprechender Verzichtserklärungen einiger Urheber berechtigt,... Ansprüche wahrzunehmen. Hinsichtlich der treuhänderischen Wahrnehmung sämtlicher ihr übertragenen Nutzungsrechte... (ist sie) an Weisungen der Urheber nicht gebunden. BGH, GRUR 1968, S. 327. Eine solche verselbständigte Stellung... soll gerade den Urheber vor seiner eigenen Gutgläubigkeit und seiner eigenen Unerfahrenheit schützen." (6. Zivilkammer 6012/81 v. 29. 7. 81)

Da treten dem Liedermacher die Tränen der Rührung in die Augen: Die GEMA verfolgt seine Konzertveranstalter bis vor den Kadi, er muß ohnmächtig zuschauen und zwar deshalb, weil er ein so unerfahrenes Dummerchen im Geldverdienen ist!

9.5. Ein Vorab-Fahrtkostenerlaß?

Könnte mir ein christlicher Liedermacher den an die GEMA zu zahlenden Betrag nicht von den Fahrtkosten nachlassen? Wenn er die von Ihnen zu zahlenden Aufführungstantiemen voll ausgeschüttet bekäme, ja. Die Gesamteinnahmen der GEMA betrugen 1983 z. B. 501.018.741,88 DM. Davon kamen 42,0%, also 210.669.417,20 DM aus der Verwertung des Aufführungs- und Senderechts, das bei der GEMA immer zusammen ausgewiesen wird und bei dem das Senderecht den Löwenanteil halten dürfte. 13,6% ihrer Einnahmen gehen bei der GEMA für Verwaltung drauf, der Rest besonders der

Aufführungstantiemen wird nach einem unglaublich diffizilen Verteilungsschlüssel teils in die Kasse der nach einem Punkte-System ermittelten Rentenberechtigten gezahlt (zu diesen Rentenberechtigten gehören meines Wissens mangels genügender Schallplattenumsätze die christlichen Interpreten gerade nicht!), teils an die Komponisten, Textdichter und Verleger ausgeschüttet. Die Fahrtkosten der anreisenden Musikgruppe müßten also deren Musikverlag und alle Komponisten und Texter ihrer Songs mindestens mit-reduzieren, was die Absurdität des Gedankens wohl hinreichend bebildert. Abgesehen davon, daß Sie schlechtestenfalls am Morgen nach dem Konzert blechen, der Urheber aber oft erst nach anderthalb Jahren irgendein Rest-Sümmchen überwiesen bekommt.

9.6. Wie prozessierte die GEMA gegen christliche Veranstalter?

Erfolgreich. Als das Landgericht Frankfurt alle, aber auch alle Forderungen der GEMA diensteifrig und wortwörtlich in eine rechtskräftige Verurteilung des Jugendmissionswerks umgewandelt hatte, kamen in der Urteilsbegründung noch zwei vielsagende Peinlichkeiten zutage:
§ 52 Abs. 1 Ziff 1 des UrhG erklärt die öffentliche Aufführung dann für vergütungsfrei und nicht meldepflichtig, „wenn die Aufführung eines Tonwerks keinem Erwerbszweck dient, die Hörer ohne Entgelt zugelassen werden und den mitwirkenden ausübenden Künstlern keine besondere Vergütung gezahlt wird". Na prima, genau das ist bei „Jugend-für-Christus"-Versammlungen der Fall gewesen? Oh nein: „Eine Berufung auf Vergütungsfreiheit gemäß § 52 Abs 1 Ziff 1 des UrhG ist nicht möglich, da die Veranstaltungen von JfC zumindest mittelbar der Förderung von Spendeneinnahmen dienen" (ebd.). Ein klassischer Zirkelschluß: Wäre „Jugend-für-Christus" eine kommerzielle Firma, träfe § 52 nicht zu. Nun ist „Jugend-für-Christus" aber ein nichtkommerzielles Spendenunternehmen – und da trifft § 52 auch nicht zu! Nicht mal dann, wenn der Klingelbeutel gar nicht rumging. Allein die Tatsache, daß JfC mit einer Veranstaltung Goodwill

für sich macht, wird von der GEMA geahndet: „... zumindest mittelbar der Förderung ... dient". Ich frage mich, wie man ein gutes Konzert gibt und gleichzeitig verhindert, daß ein Zuhörer sowas wie Sympathie für mich entwickelt, die womöglich später mal zu einer Spende führen könnte! Au weia, da hätte ich ja „mittelbar" an einer Spendeneinnahme mitgewirkt...
Kommentar eines Rechtsanwalts: „Die Behauptung des Landgerichts Frankfurt, der Auftritt des Chores erfolge gewissermaßen im Hinblick auf die zu erwartende Spende, ist mit der These vergleichbar, eine Kirche veranstalte einen Gottesdienst lediglich im Hinblick auf die zu erwartende Kollekte!"

Stichwort Gottesdienst. Hierzu die Stilblüte eines Landgerichts, das sich auf die theologische Blumenwiese verlaufen hat: „Gleichwohl kann die Kammer darin (d. h. in den JfC-Veranstaltungen) keine Gottesdienste oder kirchlichen Feiern im Sinne der besagten Pauschalvereinbarung sehen. (Gottesdienste und kirchliche Feiern wurden von der EKD mit einer halben Million DM jährlich an die GEMA pauschal abgegolten. Anmerk. d. Verf.) Gottesdienste richten sich an die Gemeinschaft der Gläubigen, der Getauften, sie dienen der Betreuung der Glaubenden. Evangelisations- und missionarische Veranstaltungen haben dagegen eine andere Zielsetzung:
Sie dienen der Verbreitung einer Religion unter Nichtbekehrten und der Zurückgewinnung von Anhängern. Die Konzerte des Beklagten (d. h. JfC) stellen gerade keine Veranstaltungen dar, in denen sich die Gemeinschaft der Gläubigen ... zur gemeinsamen Andacht versammelt." (ebd.)
Rechtsprechung im Lande Martin Luthers!

Mal abgesehen davon, daß diese Begründung allein rechnerisch Unsinn ist – 96% aller Bundesbürger gehören einer Kirche an, sitzen also als getaufte und steuerpflichtige „Anhänger" der gläubigen Gemeinschaft in der Evangelisationsversammlung – und abgesehen auch mal davon, daß die Definition von Gottesdienst juristisch allein dem im Staatskirchenrecht verankerten „Selbstbestimmungsrecht der Kirche" obliegt, ist die Urteilsbegründung vor allem theologisch bestürzend.

Schon der jüdische Tempelgottesdienst ließ „Gäste“ wie z. B. die frühe christliche Gemeinde zu (Apg 2,46 a; Apg 3,1; Joh 16,2) und war sogar per Definition das Missionsinstrument des Judentums in der Antike (Schürer: Geschichte d. jüd. Volkes III, S. 558 f; Hegermann in: Leipold/Grundmann: Umwelt des NT I, S. 311).
Entsprechend war auch der später dann außerhalb der Synagoge stattfindende Gottesdienst der christlichen Gemeinde grundsätzlich für Nichtchristen offen (1 Kor 14,23). Luther schreibt in der berühmten „Vorrede zur deutschen Messe“ (MA 3, S. 130): „Die deutsche Weise der Messe müssen wir also geschehen lassen, daß sie öffentlich in den Kirchen vor allem Volk gehalten werde, darunter viele sind, die noch nicht glauben oder Christen sind... Gerade als wenn wir... auf einem freien Platz oder Felde Gottesdienst hielten... (ist es) eine öffentliche Reizung zum Glauben und zum Christentum.“
Von 1521 direkt nach Frankfurt 1981: Die Arbeitsgemeinschaft christlicher Kirchen, die Deutsche Evangelische Allianz und die Arbeitsgemeinschaft für missionarische Dienste hat zusammen mit der Zentralstelle für Weltanschauungsfragen das Dokument „Evangelisation heute“ erarbeitet, in dem es heißt: „Das eigentliche Anliegen der Evangelisation ist die Verkündigung an die Entfremdeten und Fernstehenden innerhalb der Volkskirche mit dem Ziel, zum Glaubensgehorsam zu führen... Darum darf die Glauben weckende und zum Gehorsam rufende Verkündigung nicht nur nach außen gerichtet werden, sondern sie muß auch immer wieder nach innen ergehen. Insofern weiß sich die Evangelisation auch in besonderem Maße an den Fragen kirchlicher und gemeindlicher Erneuerung beteiligt.“ (Versch. Hrsg: „Auftrag und Dienst der Volksmission, S. 29)

Kurz: Weil es von der theologischen Selbstbestimmung her keine Unterscheidung von Evangelisation und Gottesdienst gibt, kann es auch keine juristische und sich daraus ableitende urheberrechtliche Unterscheidung geben.

9.7. Der EKD-Pauschalvertrag

Was besagt denn der vielzitierte Pauschalvertrag zwischen der EKD und der GEMA über Musik in Gottesdiensten und kirchlichen Feiern?

Vertrag

zwischen

der GEMA, Gesellschaft für musikalische Aufführungs- und mechanische Vervielfältigungsrechte, Bayreuther Straße 37/38, 1000 Berlin 30, Herzog-Wilhelm-Straße 28, 8000 München 2,
vertreten durch ihren Vorstand Herrn Generaldirektor Prof. Dr. Erich Schulze,

nachstehend kurz: GEMA

und der Evangelischen Kirche in Deutschland, Herrenhäuser Straße 2 A, 3000 Hannover-Herrenhausen, vertreten durch den Rat der Evangelischen Kirche in Deutschland, dieser vertreten durch den Vorsitzenden des Rates und den Präsidenten der Kirchenkanzlei,
nachstehend kurz: EKD

wird folgender Vertrag geschlossen:

1. Aufführungseinwilligung

(1) Die GEMA erteilt
 a) den Kirchen der EKD, ihren Untergliederungen und den Kirchengemeinden,
 b) den Mitgliedern der der Zentralstelle für Evangelische Kirchenmusik angeschlossenen Organisationen, nämlich
 dem Verband evangelischer Kirchenmusiker Deutschlands,
 dem Verband evangelischer Kirchenchöre Deutschlands und
 dem Posaunenwerk der Evangelischen Kirche in Deutschland

die Einwilligung zur öffentlichen Wiedergabe durch persönliche Darbietung
des jeweils ihrer Verwaltung unterstehenden Musikrepertoires nach Maßgabe dieses Vertrages.

(2) Die Aufführungseinwilligung umfaßt nur die der GEMA zustehenden Rechte.

(3) Sie schließt nicht die Berechtigung zur Aufnahme der Musikdarbietungen auf Ton- oder Bildtonträger u. ä. ein.

(4) Sie erstreckt sich nicht auf öffentliche Wiedergabe mittels mechanischer Vorrichtungen wie Ton- oder Bildtonträger u. ä., soweit nicht im folgenden ausdrücklich etwas anderes bestimmt ist (vgl. Ziff. 4 (1)).

(5) Die Aufführungseinwilligung ist nicht auf Dritte übertragbar.

2. Pauschalbetrag

Die EKD zahlt als Vergütung für die nach Ziff. 1 erteilte Einwilligung mit Fälligkeit jeweils zum 1. Oktober

DM 400 000,– (in Worten: vierhunderttausend)
für das Kalenderjahr 1981

DM 500 000,– (in Worten: fünfhunderttausend)
für das Kalenderjahr 1982

zuzüglich Umsatzsteuer in jeweils bei Fälligkeit gesetzlich festgelegter Höhe (derzeit 6,5 %).

3. Durch den Pauschalbetrag nach Ziff. 2 abgegoltene Musikaufführungen

Durch den Pauschalbetrag nach Ziff. 2 sind abgegolten:

(1) Konzertveranstaltungen mit Werken der ernsten Musik im Sinne der Vergütungssätze E für Konzerte der ernsten Musik, die die in Ziff. 1 (1) angegebenen Berechtigten als alleinige Veranstalter im eigenen Namen und auf eigene Rechnung durchführen sowie

(2) Musikaufführungen bei Gemeindeveranstaltungen (wie z. B. Gemeindeabende, auch Gemeindefeste wie „Bunte Abende", Sommerfeste u. ä., gegebenenfalls auch mit Unterhaltungsmusik, jedoch stets ohne Gesellschaftstanz), die die in Ziff. 1 (1) lit. a) angegebenen Berechtigten als alleinige Veranstalter im eigenen Namen und auf eigene Rechnung durchführen, und für die weder ein Eintrittsgeld noch ein sonstiger Unkostenbeitrag erhoben werden.

4. Jugendveranstaltungen

(1) Im Interesse der musischen Erziehung der Jugend und der Jugendpflege gelten ferner als abgegoltene Musikwiedergaben – auch mittels Tonträger – bei folgenden eigenen Veranstaltungen kirchengemeindlicher Jugendgruppen sowie übergemeindlicher kirchlicher Verbände für Jugendarbeit, die einer Landeskirche bzw. deren Untergliederungen zugeordnet oder Mitglied der Arbeitsgemeinschaft der Evangelischen Jugend oder des Posaunenwerks der EKD sind:
a) Geschlossene Arbeitskurse (Sing-, Spiel- und Tanzkreise, Arbeitskurse),
b) regelmäßig stattfindende Gruppen- und Heimatabende,
c) Jugendveranstaltungen wie Bildungstagungen, Freizeiten und Ausflüge,
d) damit im Zusammenhang stehende Elternabende, Weihnachtsfeiern und entsprechende Veranstaltungen.

(2) Vorausgesetzt ist, daß
a) diese Veranstaltungen ausgesprochen jugendpflegerischen Zwecken bzw. der musikalischen Ausbildung der Jugend dienen,
b) regelmäßig nur die Mitglieder und deren Angehörige der unter Abs. (1) genannten Gruppen und Verbände Zutritt haben, sofern es sich nicht um kirchliche Jugendveranstaltungen im Rahmen der „offenen Jugendarbeit" handelt, an denen auch Jugendliche teilnehmen dürfen, die nicht zu der veranstaltenden

Kirchengemeinde, Jugendorganisation oder Jugendgruppe gehören,

c) Gesellschaftstanz nicht stattfindet oder anschließend stattfindet,

d) kein direkter oder indirekter Eintritt erhoben wird (Eintrittsgeld, Programmpreis, erhöhte Verzehrpreise usw.).

5. Musikdarbietungen, die nicht durch den Pauschalbetrag nach Ziff. 2 abgegolten sind

(1) Vorzugssätze

a) Für Musikdarbietungen, die nicht durch den Pauschalbetrag nach Ziff. 2 abgegolten sind, werden die Vorzugssätze für Organisationen der jeweils gültigen Tarife der GEMA als Vergütungen berechnet, sofern die Musikdarbietungen rechtzeitig angemeldet und die Einwilligung ordnungsgemäß nach den in Anlage 1 beigefügten Bestimmungen erworben sind.

b) Je ein Exemplar der für Einzelaufführungen mit Unterhaltungs- und Tanzmusik derzeit geltenden Vergütungssätze U-VK sowie M-U (Tonträgerwiedergabe) – Vergütungssätze bei Gesamtverträgen – sind diesem Vertrag beigefügt.

(2) Gesellige Veranstaltungen im Anschluß an Konzertveranstaltungen gemäß Ziff. 3 (1)

a) Findet im Anschluß an eine Konzertveranstaltung gemäß Ziff. 3 (1), die nach Ziff. 2 abgegolten ist, im gleichen Veranstaltungsraum eine gesellige Veranstaltung mit Tanz- und Unterhaltungsmusik statt und wird für beide Veranstaltungen nur ein Eintrittsgeld oder Unkostenbeitrag erhoben, so wird bei der Berechnung der Aufführungstantiemen nach den Vergütungssätzen U-VK für die gesellige Veranstaltung die Hälfte des Eintrittsgeldes oder Unkostenbeitrages zugrunde gelegt. Ist jedoch in solchen Fällen von den Teilnehmern an der geselligen Veranstaltung zusätzlich ein Tanzgeld zu entrichten, gilt als Eintrittsgeld für die gesellige Veranstaltung die Hälfte des für die Gesamtveranstaltung zu entrichtenden Unkostenbeitrages zuzüglich Tanzgeld.

b) Beginnt diese Gesamtveranstaltung nach 19 Uhr, ermäßigen sich die Vergütungssätze U-VK für die gesellige Veranstaltung um 20 %.

c) Vergütungen sind spätestens innerhalb einer Woche nach Rechnungsstellung an die GEMA zu zahlen. Wenn Pauschalverträge für derartige Veranstaltungen mit der GEMA abgeschlossen worden sind, sind für die Fälligkeit der Pauschalbeträge die vertraglichen Vereinbarungen maßgebend.

6. Allgemeine Vertragshilfen

Die Vertragshilfe besteht darin,

(1) daß die EKD der GEMA innerhalb angemessener Zeit nach Abschluß dieses Vertrages ein abschließendes, nach Namen (insbesondere Organisationsbezeichnung) und postalischer Anschrift genau konkretisiertes Verzeichnis aller der durch dieses Vertragswerk Begünstigten nach Ziff. 1 b und Ziff. 4 zur Verfügung stellt (auf Wunsch der GEMA auch ein entsprechendes Verzeichnis der Begünstigten nach Ziff. 1 a) und jede spätere Veränderung laufend mitteilen wird (Veranstalter, deren Anschriften nicht in diesem Verzeichnis enthalten sind, gelten nicht als begünstigte Mitglieder der EKD im Sinne dieses Vertrages),

(2) daß die EKD ihre Mitglieder in regelmäßigen Abständen zur ordnungsgemäßen Vertragserfüllung anhält, insbesondere Musikdarbietungen rechtzeitig bei der GEMA anzumelden nach Maßgabe dieser Vertragsbestimmungen in Verbindung mit den Durchführungsvereinbarungen über das Anmeldeverfahren, die zwischen den einzelnen Gliedkirchen und den jeweils zuständigen Bezirksdirektionen der GEMA in Berücksichtigung der örtlich und sachlich unterschiedlichen Gegebenheiten einvernehmlich abgestimmt werden,

(3) daß die Erfüllung der Aufgaben der GEMA in Wort und Schrift durch geeignete Aufklärungsarbeit erleichtert wird.

7. Vertragshilfe
durch die Zentralstelle für evangelische Kirchenmusik
– Anmeldung und Programme von Konzertveranstaltungen –

(1) Alle Konzertveranstaltungen gemäß Ziff. 3 (1) wird die EKD der GEMA über die Zentralstelle für evangelische Kirchenmusik bis spätestens zum 15. eines jeden Quartalsmonats für das vorausgegangene Vierteljahr bekanntgeben und dieser Mitteilung je eine vollständige Programmfolge – einschließlich aller eventuell als Zugaben aufgeführten Werke – beifügen. Bei der GEMA eingehende Programme werden an die Zentralstelle für evangelische Kirchenmusik weitergeleitet.

(2) Für sonstige Veranstaltungen gelten die in Anlage 1 beigefügten Bestimmungen , soweit nicht im Rahmen von Durchführungsvereinbarungen gemäß Ziff. 6 (2) Besonderheiten vereinbart werden.

8. Nicht angemeldete Musikaufführungen

Musikaufführungen gemäß Ziff. 3, die nicht rechtzeitig unter Beifügung der vollständigen Musikfolge bei der Zentralstelle für evangelische Kirchenmusik gemeldet werden, gelten als nicht von der Pauschalvergütungsregelung erfaßt. In diesen Fällen ist die GEMA berechtigt, die tariflichen Vergütungsansprüche unmittelbar bei dem betreffenden Veranstalter geltend zu machen.

9. Meinungsverschiedenheiten

Im Falle von Meinungsverschiedenheiten mit Mitgliedern der EKD erklärt sich die GEMA bereit, zur Vermeidung von Rechtsstreiten die EKD bzw. die Stelle, die von der EKD als zuständige Stelle mitgeteilt wird, zu benachrichtigen, damit diese sich mit dem Mitglied in Verbindung setzen kann. Wird jedoch innerhalb eines Monats nach der Benachrichtigung eine gütliche Einigung nicht erreicht, hat jede Partei das Recht, den ordentlichen Rechtsweg zu beschreiten.

10. Vertragsdauer

Der Vertrag wird zunächst für die Zeit
vom 1. Januar 1981 bis 31. Dezember 1982
geschlossen; er verlängert sich zu den für das Kalenderjahr 1982 vereinbarten Konditionen jeweils um ein Jahr, falls er nicht drei Monate vor Ablauf schriftlich gekündigt wird. Die Vertragsschließenden werden rechtzeitig Verhandlungen über die Pauschalvergütung nach Ziff. 2 für die Zeit ab 1. 1. 1983 aufnehmen.

Anlage 1
zum Vertrag
PV / 16b Nr. 6 (1)

1. Anmeldung von Einzelveranstaltungen

(1) Einzelveranstaltungen mit Musikern oder sonstige Einzelveranstaltungen mit Musikwiedergaben sind spätestens drei Tage vor Durchführung mit folgenden Angaben bei der GEMA anzumelden:

a) Genaue Anschrift des Veranstalters,
b) Tag der Veranstaltung,
c) Art der Veranstaltung,
d) Ort der Veranstaltung,
e) Name des Veranstaltungslokals,
f) Größe des Veranstaltungsraumes in qm
– von Wand zu Wand gemessen –
(bei Stuhlreihenveranstaltungen auch Personenfassungsvermögen des Veranstaltungsraumes),
g) Höhe des Eintrittsgeldes, des Tanzgeldes oder eines sonstigen Unkostenbeitrages
h) Programmangaben – vgl. unten Ziff. 3 –

(2) Nachweislich unvorhergesehene Einzelveranstaltungen werden von der GEMA noch als rechtzeitig angemeldet angesehen, wenn die Anmeldung innerhalb von drei Tagen nach der Veranstaltung mit einer entsprechenden Erklärung vorgenommen wird.

(3) Die GEMA stellt für die Anmeldung auf Anforderung Anmeldekarten zur Verfügung.

2. Zahlungsweise bei Einzelveranstaltungen

Die Vergütungen für Einzelveranstaltungen müssen, soweit die Rechnungen der GEMA nichts Abweichendes enthalten, spätestens innerhalb einer Woche nach jeder Veranstaltung an die GEMA gezahlt werden.

3. Programme von Einzelveranstaltungen mit Musikern

Soweit bei Einzelveranstaltungen vervielfältigte Musikprogramme vorliegen, ist ein Exemplar der Anmeldung der Veranstaltungen beizufügen. Spätere Änderungen der Musikfolge und alle als Zugaben aufgeführten Werke müssen der GEMA unmittelbar nach den Veranstaltungen nachgemeldet werden. In allen anderen Fällen sind die Musikprogramme der GEMA innerhalb einer Woche nach jeder Veranstaltung zuzusenden. Entsprechende Formulare werden auf Anforderung von der GEMA zur Ausfüllung zur Verfügung gestellt.

4. Einwilligung der GEMA für Einzelveranstaltungen

(1) Die Einwilligung für Einzelveranstaltungen gilt als erteilt, soweit die sich aus diesen Bestimmungen ergebenden Verpflichtungen erfüllt sind.
(2) Für den Umfang der Einwilligung gelten die aus den Tarifen der GEMA ersichtlichen Bedingungen.

5. Abschluß von Pauschalverträgen

(1) Der Abschluß von Pauschalverträgen muß rechtzeitig vor Durchführung der Musikdarbietungen erfolgen.
(2) Bei Pauschalverträgen sind für die Anmeldung der Musikdarbietungen, die Zahlungsweise, die Vorlage von Programmen für Veranstaltungen mit Musikern und den Umfang der Einwilligung der GEMA die vertraglichen Vereinbarungen maßgebend.
(3) Bei Jahrespauschalverträgen ist die GEMA im Falle eines Zahlungsverzuges berechtigt, nach vorheriger Anmahnung des fälligen Betrages die Verträge vorzeitig zum Letzten eines jeden Vertragsmonats mit einer Frist von 10 Tagen zu kündigen.

6. Unerlaubte Musikdarbietungen

Unberührt bleiben die Ansprüche der GEMA für Musikdarbietungen, für die die Einwilligung nicht ordnungsgemäß nach den Bestimmungen dieses Vertragswerkes erworben wird. In diesen Fällen ist die GEMA berechtigt, die tarifliche Vergütung in doppelter Höhe zu beanspruchen.

Sie merken, wohin der Hase läuft: § 1 Ziff 1 Abs. a nennt bewußt nur jene drei Verbände, die „ernste Musik" spielen. Von Kantoren, Kirchenchören und Posaunenbläsern der EKD ist nämlich zu erwarten, daß in der Mehrzahl solche Komponisten zur Aufführung kommen, für die 70 Jahre nach ihrem Tod sowieso nichts mehr eingezogen werden kann. Kaum taucht aber das Stichwort „Unterhaltungsmusik" auf, legt die GEMA der EKD härtere Bandagen an, als man das einem sozialistischen Staat zutrauen würde: Wehe, beim Sommerfest tanzt einer! (§ 3 Ziff 2) Und wehe, das Würstchen kostet mehr als ein normales Würstchen! (§ 4, Ziff 2 Abs. d) Und das in den Jugendstunden nur ja ausschließlich die treuen, regelmäßigen Mitglieder sitzen! Ein Fremder – und die GEMA darf nochmal kassieren, denn dann haben wir uns des Tatbestandes der „offenen Jugendarbeit" schuldig gemacht! (§ 4 Ziff 2 Abs. b). Wenn Sie, armer Leser, sich jetzt vor Staunen die Brille putzen, werden Sie aus solchen musealen Vokabeln wie „Spielkreis", „Heim- und Elternabend" usw. völlig zu Recht schließen, daß hier Vorstellungen einer wandernd klampfenden Blondjugend herrschen, die mit der Praxis dessen, wovon dieses Buch handelt, nichts zu tun hat.

Zum Glück hat die EKD-Kanzlei in einem Schreiben nach Abschluß des Vertrages klargestellt, daß der Begriff „kirchliche Feiern" bewußt so weit gefaßt ist, daß durchaus auch Evangelisationsveranstaltungen darunter fallen. „Musikdarbietungen der Mitgliedseinrichtungen der Arbeitsgemeinschaft Missionarischer Dienste (AMD) fallen insoweit unter die Pauschalverträge, als diese Veranstaltungen im Bereich der EKD ... stattfinden. Gleiches gilt für Veranstaltungen, die der ‚Ring missionarischer Jugendbewegungen' durchführt." So lautet eine sogenannte „Ausführungsvereinbarung", von der Oberkirchenrat Dr. Linnewedel aus Hannover am 10. 1. 84 schrieb: „Leider zögert die GEMA den Abschluß der Ausführungsvereinbarung immer wieder hinaus."

9.8. Und alle anderen Kirchen?

Reicht für Gruppen und Kirchen, die nicht zur EKD gehören und keinen eigenen Pauschalvertrag haben, denn der Freistellungs-Paragraph 52 des Urheberrechts aus? Leider nein. Der Pauschalvertrag der EKD ist u. a. eine Reaktion auf das Urteil des Bundesverfassungsgerichts vom 25. 10. 1978. Da hatten 18 Kirchenmusiker Verfassungsbeschwerde gegen den § 52 UrhG geführt. Sie wollten alle Veranstaltungen (auch die unentgeltlichen, auch die gottesdienstlichen) vergütungspflichtig sehen, da eine Freistellung mit der Eigentumsgarantie aus Artikel 14 Abs. 1 des Grundgesetzes unvereinbar sei, ja sie sogar „enteigne"! (BVerfG 25/78 S. 387).

Bitte notieren: Nicht die GEMA richtete diese letztlich gegen die Kirche selbst gerichtete Beschwerde, sondern die Kirchenmusiker! Richter Benda und seine Mannen vom Ersten Senat des obersten Gerichts entlarvten die Enteignungs-Formel der Orgelbänkler als Krokodilstränen:

Man erinnerte daran, daß in den Beratungen des Bundestages zum neuen Urheberrecht am 25. 5. 1965 „angesichts zahlloser Eingaben" eine „generelle Vergütungspflicht auch der kostenlosen Veranstaltungen nicht durchsetzbar war" (!!) und man, im Gegenteil, einen „Ausnahmetatbestand zugunsten kirchlicher Veranstaltungen" schaffen wollte. Man verwies darauf, daß das „Urheberrecht ein sozial gebundenes Recht sei, das gewissen Schranken im Interesse der Gemeinschaft unterliege" (S. 385), denn „mit der Publikation steht das geschützte Musikwerk nicht mehr nur dem Werkschöpfer zur Verfügung; es tritt bestimmungsmäßig in den gesellschaftlichen Raum... Diesem sozialen Bezug des geistigen Eigentums kann der Gesetzgeber... Rechnung tragen" (S. 394). Im Übrigen würde „eine Vergütungspflicht überwiegend den Wegfall der Aufführung zur Folge haben" oder zumindest „solche Darbietungen erschweren, die keinem Erwerbszweck dienen." (S. 389, S. 390).

Sehr sibyllinisch aber wurde vom Bundesverfassungsgericht der zweite Halbsatz des § 52 Abs 1 Satz 2 des UrhG als tatsächlich unvereinbar mit der Eigentumsgarantie verdonnert – und damit den Kirchenmusikern Recht gegeben –, daß man es nicht verlangen könne, „regelmäßig" vergütungsfrei ein

Werk zur Verfügung zu stellen, zumal wenn die Komponisten „ausschließlich liturgische Musik komponieren, die nirgendwo sonst aufgeführt würde“ (S. 388). Deshalb, und das ist für Sie als Veranstalter zwischen Kirche und Welt der entscheidende Hammer, „gilt für die Komponisten religiös-kirchlicher Musik eine grundsätzlich andere Regelung als für die Komponisten weltlicher Musik“ (S. 395), welche lautet: „Die Unentgeltlichkeit ist im kirchlichen Bereich ... mit unentgeltlichen weltlichen Veranstaltungen nicht vergleichbar“ (S. 401 f)!
Warum? Weil „Eintritt frei“ bei Gottesdiensten die Regel, bei weltlichen Konzerten aber die Ausnahme ist! Ein Kirchenmusiker spielt also fast immer in „unentgeltlichen“ Veranstaltungen, auf die fast immer § 52 Abs. 1 zutrifft, kriegt also fast nie Aufführungstantiemen und das – so die Karlsruher an jenem Oktobernachmittag – sei unzumutbar.

Raten Sie mal, wer diesen Satz von der Unvergleichbarkeit weltlicher und kirchlicher Veranstaltungen prima für sich ausschlachten konnte ...: Die GEMA natürlich! Liest man den Wortlaut der obersten Richter und anschließend die Interpretation des Erich Schulze in der 5. Auflage seines Buches „Das Urheberrecht in der Musik“ (besonders S. 122, S. 127 und S. 128), dann merkt man, daß Karlsruhes milder Klaps vor den Bug der angeblich „enteigneten“ armen Kantoren als voller Faustschlag gegen die Kirche weitergeführt wurde: Fortan „können unentgeltliche weltliche Aufführungen vergütungsfrei sein, kirchliche nicht!“ (GRUR 1981 Heft 5, S. 329).
Raten Sie noch mal, welcher „weltliche“ Veranstalter seither erfolgreich die Zahlung von Aufführungstantiemen verweigert ...: Die Bundesregierung. Und zwar für Konzerte ihrer Militärkapellen!

9.9. Fazit?

Es herrscht meines Erachtens eine durch neue Gegebenheiten in der Gemeindearbeit entstandene unbefriedigende Rechtslage:
– Die GEMA hat seit 25 Jahren christlicher Popmusik noch nicht zur Kenntnis genommen, daß es nun mal jugendpflege-

rische Veranstaltungen gottesdienstlichen Charakters gibt und das sogar mit U-, also Unterhaltungs-Musik. Für diesen relativ neuen Veranstaltungstyp greifen weder die Begriffe „Spielkreis-Heimabend“, noch „Gottesdienst“. Die GEMA hat ebenfalls kein juristisch adäquates Instrumentarium dafür, daß es Konzertveranstalter gibt, die zwar Eintritt nehmen, davon aber nicht einen Pfennig zu ihrem Lebensunterhalt verwenden; und daß auch sonst niemand „Erwerbszwecke“ mit der Aufführung verfolgt.

– Die EKD hat einen Knebelvertrag unterschrieben, der bestenfalls die liturgische Orgel-, Chor- und Posaunenmusik begünstigt, der schon für missionarische und Jugend-Veranstaltungen durch „Ausführungsvereinbarungen“ ergänzt werden muß und für die heutige reale Praxis missionarisch-kultureller Gemeindearbeit kaum etwas bringt.

– Das Bundesverfassungsgericht hat ein „Einerseits/andererseits“-Urteil gesprochen, das nur das Verhältnis eines Kantors zu seiner Kirche im Blick hat und ebenfalls den Gemeindealltag in seiner Veranstaltungsvielfalt und musikstilistischen Breite nicht erwähnt.

– Das Landgericht Frankfurt hat mit windigen Begründungen einen nichtkommerziellen Veranstalter verdonnert und sich mit theologischen Definitionsversuchen lächerlich gemacht.

– Die christlichen Liedermacher sind beim Versuch, die Übertragung ihrer Verwertungsrechte nur auf Tonträger und Sendungen zu beschränken, erfolglos geblieben.

Dieser trübe Rundumblick veranlaßt die Veranstalter, erstmal passiv zu bleiben und den halb wortreich werbenden, halb streng drohenden Aufforderungen der GEMA zum Zahlen nur widerstrebend nachzukommen. Er veranlaßt die Interpreten, möglichst nur selbstkomponierte und als Manuskriptwerk noch nicht GEMA-registrierte Lieder aufzuführen. Er veranlaßt die GEMA, eine manchmal unangemessen scharfe Gangart gegen die Veranstalter einzuschlagen (zumal ihre Erträge seit 1982 um jährlich 6 % rückläufig sind, was aber nicht an unvergüteten Konzerten, sondern an den Millionen Schallplatten liegt, die privat auf Leercassetten überspielt werden). Langfristig wird das meiner Beobachtung nach genau jenen „Wegfall der Aufführung zur Folge haben“, den das Bundesverfassungsgericht schon ahnte. Die schrittweise Verödung der Konzertszene ist vorprogrammiert; die GEMA schaufelt am Grab ihrer konzertierenden Urheber, wenn nicht sogar am Rückgang ihrer 42 % Aufführungs- und Sendetantiemen, solange sie nicht flexibler und dialogfähiger auf die realen Verhältnisse in Kirchen, Gemeinden und Gruppen eingeht.

Wenn Sie dazu aufgefordert werden; wenn Ihnen das Nichtzutreffen von § 52 Abs. 1 Satz 1 bewiesen werden kann; wenn Sie nicht zur EKD und den in den Ausführungsvereinbarungen genannten Gruppen gehören bzw. auch keine Mitarbeiter haben, die dazu gehören und deshalb eine Inanspruchnahme des Pauschalvertrages ermöglichen; wenn die für Ihr Bundesland zuständige „Zentralstelle für Kirchenmusik" den ausgefüllten Bogen „Musikfolge der Veranstaltung am ...." nicht ihrerseits der GEMA einreicht und abgilt; wenn Sie auch zu keiner jener Freikirchen gehören, die einen eigenen Pauschalvertrag haben; wenn die Bitte um Freistellung auf Grund des mildtätigen Charakters Ihrer Benefiz-Veranstaltung abgeschmettert wird und auch keine Kopie der Überweisung an eine Hilfsorganisation die GEMA-Bezirksdirektion überzeugt, daß es ein karitatives Konzert war; wenn Ihr Protest gegen den Vergleich mit kommerziellen Gastwirten und zu Erwerbszwecken veranstaltenden Discobesitzern ungehört verhallt; wenn die Forderungen gegen Sie noch nach einem guten Jahr Korrespondenz nicht wegen Geringfügigkeit storniert werden – dann müssen Sie zahlen.

10. Statt eines Nachwortes

Natürlich könnte man jetzt noch auf die Besonderheiten von Schulgottesdiensten, Gefängniskonzerten und Krankenhauseinsätzen eingehen. Ich müßte eigentlich die Erlebnisse mit Tonband- und Video-Amateuren zum Besten geben, die nach jedem Lied einen kurzen, aber lautstarken Kontroll-Lauf ertönen lassen („ob's auch aufgenommen hat!") oder mit gleißenden Scheinwerfern die stilvolle Kerzendekoration des Veranstalters zunichte machen. Ich könnte von Krächen unter den Mitarbeitern plaudern, die schon jahrelang schwelten und just zwischen 19.40 Uhr und 20.00 Uhr zum Ausbruch kamen, prompt auf den ahnungslos Angereisten abgewälzt wurden und es diesem schwer machten, in einer vergifteten Atmosphäre pflichtgemäß den Fröhlichmeier zu mimen. Theologische Grundsatzdebatten buchstäblich auf den Stufen zur Kanzel; ein Redner, der sein Manuskript umwirft und brühwarm das eben Gehörte ins Volk pustet; Veranstalter, mit denen man monatelang korrespondierte und die seit 18.15 Uhr schmollend zu Hause sitzen. Auch belustigende Bonmots wären darunter: Eine lose Dämmplatte in der Deckenkonstruktion, die immer dann rasselnd vibrierte, wenn der Sprecher eindringlich und etwas lauter wurde. Eine schlecht abgeschirmte Mikrofonanlage, die sich offenbar UKW-Wellen einfing, so daß nach dem „Amen!" der Predigt plötzlich aus den Boxen ertönte: „Und nun der Wetterbericht". Drei barbusige Anhängerinnen der militanten Frauen-Emanzipation, die ihren Protest gegen die Meinung der Sängerin zum Schwangerschaftsabbruch dadurch ausdrückten, daß sie oben ohne die Bühne stürmten ...
Genug der Anekdoten.

Eine lebendige Gemeinde ist doch durch ihre praktische Existenz schon missionarisch. Wieso braucht es da noch besondere Evangelisationsveranstaltungen? Hierzu eine meines Erachtens dieses Buch sehr gut abschließende Bemerkung vom Leiter des Volksmissionarischen Amtes Witten, Pastor Johannes Hansen:
„Zunächst einmal ist eine lebendige Gemeinde nicht so glatt evangelistische Gemeinde. Eine lebendige Gemeinde kann ja

durchaus Tendenzen haben, ihr frohes gemeinsames Leben doch stark unter sich zu erfahren und braucht immer Anstiftung zu einer Wendung nach außen. Die Evangelisation, wie wir sie üben, ist ja eine Entwicklung des 19. Jahrhunderts. Für mich ist sie in der Tat zunächst eine permanente Aufgabe der Gemeinde, in allen ihren Lebensbezügen und hat nicht zuletzt mit dem Zeugnis des Christen im Alltag zu tun und mit der missionarischen Offenheit, von Gottesdiensten angefangen bis hin zu ihren gemeindlichen Begegnungen. Alles in der christlichen Gemeinde, meine ich, steht letzten Endes unter missionarischem Vorzeichen. Und aus einer so lebenden Gemeinde wird dann der Wunsch entstehen, gelegentlich auch an die Öffentlichkeit zu treten und die im 19. und 20. Jahrhundert gewachsenen Veranstaltungsformen zu nutzen. So ist ja die Evangelisation früher 'mal entstanden, ursprünglich sogar als Zeltmission, als weit vorgeschobene Form der öffentlichen Veranstaltung, das war immerhin in einem Zirkuszelt.
So entsteht also der Wunsch, an die Öffentlichkeit zu gehen und Menschen nun auch einmal mit der öffentlichen Proklamation des Evangeliums einzuladen. Die ideale Form der Evangelisation ist, daß eine sich ständig missionarisch verstehende Gemeinde gelegentlich an die Öffentlichkeit tritt in einer originell gemachten Veranstaltung, die im guten Sinn ja auch einen Werbecharakter für die Gemeinde hat, aber im Innersten eben Menschen zum Glauben rufen will. Die Evangelisation ist nicht das entscheidende Mittel der Gemeinde. **Das entscheidende Mittel der Evangelisation ist die Zeugenschaft der Gemeinde, die sich in ihrem Alltag und ihren gottesdienstähnlichen Begegnungen permanent um Menschen kümmert.“**

Wenn Sie sich die anbei abgedruckten Notizen aus drei christlichen Publikationen vom Mai 1984 unter den drei Fragen durchlesen, wieviele Veranstaltungen außerhalb dieser zufälligen drei Ausrisse *zusätzlich* stattfanden, wieviele Leute da insgesamt wohl gewesen sein müssen und wieviel vorbereitende Arbeit in allein den hier erwähnten Veranstaltungen steckt – dann ahnen Sie vielleicht, warum ich den Zeitpunkt für ein bißchen Erfahrungsaustausch für gekommen halte. Geistliche Frucht läßt sich nicht organisieren. Aber mit Geld, Zeit und Nerven kann man haushalten. Um auch am Schreibtisch zu einer „guten Haushalterschaft der mancherlei Gnade Gottes“ zu kommen, ist dieses Büchlein geschrieben worden.

Terminspalte

1000 Berlin – 31. 5. 84 **AGAPE-Theater** – Infos: 05 11/62 90 70
2000 Hamburg 6 – 3. 5. 84 **Johnny Jaworski** – Infos: 02 11/4 39 49 59
2000 Nord. Rundfunk – 9. 5. 84 19.00 – 20.00 Uhr **AIRSTREAM** – Infos: 0 40/44 65 43
2000 Hamburg 6 – 10. 5. 84 **Airstream** – Infos: 4 39 49 59
2000 Hamburg – 26. 5. 84 **Kabarett Nachtwächter** – Infos: 02 11/4 39 49 59
2000 Hamburg 15. 6. 84 **2nd Chapter of Acts** Infos 0 40/25 32 50
2153 Neu Wilmstorf – 26. + 27. 5. 84 **Peppermint Music Ensemble** – Infos: 04 21/4 67 49 02
2300 Kiel – 22. 5. 84 **Jan Vering** – Infos: 04 31/58 17 81
2800 Bremen – 19. 5. 84 **Embassy** – Infos: 04 21/4 67 49 07
2800 Bremen – 1. 6. 84 **Siegfried Fietz** – Infos: 0 64 78/22 50
2848 Vechta – 24. 5. 84 **Jan Vering** – Infos: 0 44 41/60 61
2840 Diepholz – 2. + 3. 6. 84 **Siegfried Fietz** – Infos: 0 64 78/22 50
2875 Ganderkesee 2. – 10. 6. 84 **Jan Vering** – Infos: 0 40/20 14 16
2960 Aurich – 11. – 13. 5. 84 **C-Band** – Infos: 0 23 23/84 54
3100 Celle – 15. 6. 84 **Jan Vering** – Infos: 0 50 84/6 89
3110 Uelzen – 28. 5. 84 **Clemens Bittlinger m. W. Hucks** – Infos: 05 81/1 88 06
3174 Minden (Aller) – 19. 5. 84 **Theophiles** – Infos: 0 53 75/ 8 54
3200 Hildesheim – 30. 5. 84 **Larry Carlton & Band** – Infos: 0 23 61/1 59 74
3207 Harsum (Peppers) – 13. 5. 84 **Pieces** – Infos: 0 64 01/78 92
3221 Hoyershausen – 31. 5. 84 **Clemens Bittlinger m. D. Plüss** – Infos: 0 91 33/55 62
3242 Wanfried – 27. 5. 84 **Clemens Bittlinger m. W. Hucks** – Infos: 0 56 55/6 14
3253 Hess. Oldendorf – 11. 5. 84 **W. Hupperts und No Fear Band** – Infos:0 51 52/6 13 65 u. 62 03
3253 Hess. Oldendorf – 12. 5. 84 **Joyful Noise, Airstream, Agape Theater** Infos: 0 51 52/6 13 65 u. 62 03
3350 Greene – 9. 6. 84 **Metanoeo** – Infos: 0 55 63/3 20
3400 Göttingen – 12. 5. 84 **Martin Lampeitl** – Infos: 07 61/28 06 00
3410 Northeim – 30. 5. 84 **Clemens Bittlinger m. David Plüss** – Infos: 0 55 51/5 31 05
3440 Eschwege – 26. 5. 84 **Clemens Bittlinger m. W. Hucks** – Infos 0 56 51/2 16 77
3500 Kassel – 18. – 20. 5. 84 **Siegfried Fietz** – Infos: 0 64 78/22 50
3500 Kassel – 20. 5. 84 **Internationals** – Infos: 0 56 61/21 74
3508 Melsungen – 25. 5. 84 **Clemens Bittlinger m. W. Hucks** – Infos: 0 56 61/61 12
3509 Malsfeld – 19. 5. 84 **Internationals** – Infos: 0 56 61/21 74
3550 Marburg – 11. 5. 84 **Martin Lampeitl** – Infos: 07 61/28 06 00
3560 Biedenkopf 2 – 10. 6. 84 **Band 153** – Infos: 0 64 61/8 91 20
4000 Düsseldorf – 19. 5. 84 **Fisherman's Friends u. Crosslife** – Infos: 02 11/66 75 75
4000 Düsseldorf – 19. 5. 84 **Frank & Peter Hübner** – Infos: 0 23 02/34 41

4030 Ratingen – 12. 5. 84 **Wilfried Ossenberg-Engels Ton-Dia-Show** – Infos: 0 21 02/4 26 70
4050 Mönchengladbach – 13. + 14. 6. 84 **Jan Vering** – Infos 0 21 66/4 65 57
4156 Villoch 2 – 4. 5. 84 **Siegfried Fietz** – Infos: 0 64 78/22 50
4280 Borken – 7. 6. 84 **Agape-Theater** – Infos: 05 11/62 90 70
4300 Essen – 12. 5. 84 **Band 153** – Infos: 02 01/40 53 57
4350 Recklinghausen – 6. 6. 84 **2nd Chapter of Acts** – Infos: 0 23 61/1 59 74
4600 Dortmund – 24. 5. 84 **Jugendchor Holsterhausen** – Infos: 0 23 25/4 59 90
4600 Dortmund – 25. 5. 84 **Christian Loer** – Infos: 0 23 25/4 31 46
4630 Bochum – 2. 5. 84 **Siegfried Fietz** – Infos: 0 64 78/22 50
4690 Herne – 19. + 20. 5. 84 **Hans-Jürgen Hufeisen** – Infos: 07 11/ 61 13 22
4690 Herne – 19. + 20. 5. 84 **Wolfhard Hupperts** – Infos: 0 23 23/84 54
4690 Herne – 2. 6. 84 **Jugendchor Holsterhausen** – Infos: 0 23 25/4 59 90
4902 Bad Salzuflen – 16. 5. 84 **Internationals** – Infos: 0 52 31/ 6 75 39
4930 Detmold – 21. 5. 84 **W. Ossenberg-Engels: Ton-Dia-Show** – Infos: 0 52 31/2 67 61
4980 Bünde – 18. 5. 84 **Daffy** – Infos: 0 52 23/47 40
4993 Rahden – 31. 5. 84 **Jan Vering** – Infos: 0 57 71/36 50
5000 Köln – 12. 5. 84 **Frank & Peter Hübner** – Infos: 0 22 03/8 22 72
5100 Aachen – 1. 6. 84 **Kabarett Nachtwächter** – Infos: 02 41/6 40 30
5143 Wassenberg – 31. 5. 84 **Siegfried Fietz** – Infos: 0 64 78/22 50
5170 Barmen – 3. 6. 84 **Hans-Jürgen Hufeisen** – Infos: 07 11/61 13 22
5206 N. Seelscheid 2 – 1. 6. 84 **Clemens Bittlinger u. D. Plüss** – Infos: 0 91 33/55 62
5220 Waldbröl – 29. 5. 84 **Hella Heizmann u. H.-W. Scharnowski** – Infos: 0 22 91/24 11
5223 Nümbrecht – 17. 5. 84 **Intenationals** – Infos: 0 22 93/64 16
5226 Hunsheim – 2. 6. 84 **Ute & Friedemann** – Infos: 0 22 61/4 15 79
5231 Altenkirchen-Wölmersen – 1. 5. 84 **Frank & Peter Hübner** – Infos: 0 26 81/23 95
5270 Gummersbach – 1. 5. 84 **Ute & Friedemann** – Infos: 0 22 61/7 46 22
5270 Gummersbach – 5. 5. 84 **Frank & Peter Hübner** – Infos: 0 22 61/7 46 22
5300 Bonn – 26. 5. 84 **Soviet Emigre Oschestra** – Infos: 02 28/66 26 13
5309 Meckenheim – 25. 5. 84 **Hella Heizmann u. H.-W. Scharnowski** – Infos: 0 22 25/32 71
5401 Halsenbach – 26. 5. 84 **Hella Heizmann u. H.-W. Scharnowski** – Infos: 0 67 47/78 90
5438 Westerburg – 5. 5. 84 **Ute & Friedemann** – Infos: 0 26 63/37 51
5600 Wuppertal – 3. 6. 84 **Clemens Bittlinger u. H.-J. Hufeisen mit David Plüss** – Infos: 02 02/50 08 70
5630 Remscheid – 6. 5. 84 **Augenblicke** – Infos: 0 21 91/ 6 82 15
5650 Solingen – 12. + 13. 5. 84 **Ute & Friedemann** – Infos 0 22 61/4 15 79
5652 W'kirchen-Neuenflügel – 26. 5. 84 **Frank & Peter Hübner** – Infos: 0 21 91/8 12 83

5673 Burscheid – 28. 5. 84 **Hella Heizmann u. H.-W. Scharnowski** – Infos: 0 21 74/57 94
5828 Ennepetal-Rüggeberg – 11. 5. 84 **Frank & Peter Hübner** – Infos: 0 23 32/41 92
5880 Lüdenscheid – 1. 3. 84 **Spiegelbild** – Infos: 0 23 51/5 60 19
5880 Lüdenscheid – 1. – 3. 6. 84 **Jan Vering** – Infos: 0 23 51/8 54 07
5880 Lüdenscheid – 2. 6. 84 **Hans-Jürgen Hufeisen** – Infos: 07 11/61 13 22
5882 Meinerzhagen – 5. 5. 84 **Augenblicke** – Infos: 0 23 51/5 60 19
5904 Eisenfeld – 31. 5. 84 **Ute & Friedemann** – Infos: 02 71/39 06 26
5905 Freudenberg-Alchen – 31. 6. 84 **Hella Heizmann und H.-W. Scharnowski** – Infos: 02 71/37 02 28
5910 Kreuztal-Buschhulten – 30. 5. 84 **Hella Heizmann und H.-W. Scharnowski** – Infos: 0 27 32/61 00
5910 Hilchenbach – 29. 5. – 3. 6. 84 **Susan Schülke** – Infos: 0 81 93/61 78
5960 Olpe – 18. 5. 84 **Damaris Joy** – Infos: 0 27 37/49 57
5970 Plettenberg – 31. 5. + 1. 6. 84 **W. Ossenberg-Engels: Ton-Dia-Schau** Infos: 0 23 51/5 43 43
6000 Frankfurt – 15. 5. 84 **Daffy** – Infos: 0 71 91/6 19 83
6000 Frankfurt – 16. 5. 84 **Siegfried Fietz** – Infos: 0 64 78/22 50
6000 Frankfurt – 19. 5. 84 **Band 153** – Infos: 06 11/55 73 50
6100 Darmstadt – 27. 5. 84 **Wolfhard Hupperts** – Infos: 0 61 54/47 47
6104 Seeheim – 1. 5. 84 **Theophiles** – Infos: 0 62 57/8 33 86
6149 Fürth-Erlenbach – 19. 5. 84 **Ute & Friedemann** – Infos: 0 22 61/4 15 79
6300 Gießen – 26. 5. 84 **Augenblicke** – Infos: 0 23 51/5 60 19
6308 Butzbach – 20. 5. 84 **Theophiles** – Infos: 0 60 33/6 35 53
6310 Grünberg – 11. 5. 84 **Pieces** – Infos: 0 64 01/78 92
6310 Grünberg – 12. 5. 84 **Spiegelbild** – Infos: 0 60 33/6 35 53
6342 Haiger-Sechshelden – 15. 6. 84 **Siegfried Fietz** – Infos: 0 27 72/5 15 64
6344 D.-Rittershausen – 2. 6. 84 **Clemens Bittlinger** – Infos: 0 91 33/55 62
6349 Medenbach – 20. – 25. 5. 84 **Susan Schülke** – Infos: 0 81 93/61 78
6380 Bad Homburg – 2. 6. 84 **Band 153** – Infos: 0 61 72/2 54 39
6451 Neuberg-Rüdigheim – 15. 5. 84 **Siegfried Fietz** – Infos: 0 64 78/22 50
6473 Gedern – 9. 6. 84 **JIL** – Infos: 0 64 05/62 85
6733 Haßloch – 20. 5. 84 **Th. Schäfer „Kontor“ u. „The Way“** – Infos: 0 63 24/37 67
6750 Kaiserlautern – 15. 6. 84 **Arno & Andreas** – Infos: 06 31/7 28 59
6759 Cronenberg – 18. 5. 84 **Clemens Bittlinger** – Infos: 02 02/47 41 17
6920 Sinsheim-Hoffenheim – 18. 5. 84 **Hella Heizmann und H.-W. Scharnowski** – Infos: 0 72 61/25 74
6980 Wertheim – 6. 5. 84 **Arno & Andreas** – Infos: 0 93 42/78 44
7000 Untertürkheim – 23. 5. 84 **Arno & Andreas** – Infos: 07 11/24 08 93
7000 Stuttgart – 25. 5. 84 **Siegfried Fietz** – Infos: 0 64 78/22 50
7000 Stuttgart – 29. 5. 84 **Larry Carlton & Band** – Infos: 0 23 61/1 59 74
7000 Stuttgart – 8. 6. 84 **Agape** – Infos: 07 11/56 38 89

7032 Sindelfingen-Maichingen – 24. 5. 84 **Siegfried Fietz** –
7050 Waiblingen – 5. 5. 84 **Pieces** – Infos: 0 64 05/62 85
7060 Schorndorf – 1. 6. 84 **2nd Chapter of Acts** – Infos: 05 61/3 90 69
7062 Rudersberg – 19. 5. 84 **Hella Heizmann u. H.-W. Scharnowski** – Infos: 0 71 83/66 21
7064 Remshalden-Grumbach – 5. 5. 84 **Pieces/Edge** – Infos: 0 71 51/7 29 02
7100 Heilbronn-Böckingen – 5. 5. 84 **Metanoeo** – Infos: 0 71 95/6 77 72
7100 Heilbronn – 26. 5. 84 **Metanoeo** – Infos: 0 71 95/6 77 72
7123 Großsachsenheim – 17. 5. 84 **Hella Heizmann und H.-W. Scharnowski** – Infos:
7140 Ludwigsburg – 9. 5. 84 **Martin Lampeitl** – Infos 0 71 41/8 12 14
7140 Ludwigsburg-Karlshöhe – 10. 5. 84 **Martin Lampeitl** – Infos: 0 71 41/31 10
7142 Marbach – 19. 5. 84 **Wolfgang Marquardt** – Infos: 0 71 44/62 72
7234 Aichhalden-Rötenberg – 26. 5. 84 **Arno & Andreas** – Infos: 0 74 44/32 40
7270 Nagold – 25. 5. 84 **Arno & Andreas** – Infos: 0 74 52/55 11
7271 Egenhausen – 26. 5. 84 **Daffy** – Infos: 0 74 53/79 30
7336 Uhingen – 8. 5. 84 **Daffy** – Infos: 0 71 61/3 77 45
7336 Holzhausen – 10. 5. 84 **Daffy** – Infos: 0 71 61/3 77 45
7410 Reutlingen – 15. 5. 84 **Hella Heizmann u. H.-W. Scharnowski** – Infos: 0 71 23/28 03
7411 Bernloch-Meidelstetten – 24. 5. 84 **Arno & Andreas** – Infos: 0 71 21/4 62 82
7417 Pfullingen – 26. 5. 84 **Convenant Players** – Infos: 0 71 21/7 10 35
7437 Westerheim – 9. 6. 84 **Daffy** – Infos: 0 71 44/69 48
7500 Karlsruhe – 29. 5. 84 **Clemens Bittlinger u. David Plüss** – Infos: 07 21/61 36 88
7500 Karlsruhe – 31. 5. 84 **Martin Lampeitl** – Infos: 0 72 51/6 05 06
7538 Keltern-Dietlingen – 27. 5. 84 **Arno & Andreas** – Infos: 0 72 36/68 55
7580 Bühl – 16. 5. 84 **Hella Heizmann u. H.-W. Scharnowski** – Infos: 0 72 23/53 68
7800 Freiburg – 8. 5. 84 **Martin Lampeitl** – Infos: 07 61/28 06 00
7800 Freiburg – 16. 5. 84 **Martin Lampeitl u. H.-J. Hufeisen** – Infos:
7830 Emmendingen – 23. 5. 84 **Martin Lampeitl** – Infos: 0 76 41/4 24 42
7900 Ulm – 27. 5. 84 **H.-J. Hufeisen** – Infos: 07 11/61 13 22
8000 München – 31. 5. 84 **2nd Chapter of Acts** – Infos: 0 89/7 59 12 72
8000 München – 5. 6. 84 **H.-J. Hufeisen** – Infos: 07 11/61 13 22
8458 Sulzbach-Rosenberg – 1. 6. 84 **HYMN** – Infos: 0 96 61/23 89
8500 Nürnberg – 24. 5. 84 **Mike Zank** – Infos: 09 11/54 97 79
8500 Nürnberg – 2. 6. 84 **asa nte sana** – Infos: 09 11/4 30 41
8501 Puschendorf – 10. 6. 84 **Christoph Zehendner** – Infos: 0 64 41/3 19 44
8503 Altdorf – 7. 5. 84 **Arno & Andreas** – Infos: 0 91 87/24 31
8551 Heiligenstadt – 7./14. 5. 84 **Susan Schülke** – Infos: 0 91 98/7 71
8580 Bayreuth – 23. 5. 84 **Lui & Manfred** – Infos: 09 21/6 43 00
8580 Bayreuth – 27. + 30. 5. 84 **Die Wegweiser** – Infos: 09 21/2 74 32
8600 Bamberg – 4. + 5. 5. 84 **Arno & Andreas** – Infos: 09 51/2 28 46
8789 Zeitlofs – 18. – 20. 5. 84 **Lui & Manfred** – Infos: 09 11/49 78 50

Tourneen von:
Damaris Joy – 5. – 12. 5. 84 Infos: 0 27 37/49 57
Siegfried Fietz – 8. – 12. 5. 84 – Infos: 0 64 78/22 50
Jan Vering – 13. – 20. 5. 84 – Infos: 00 43 72 29/2 91 54
Ute & Friedemann – 9. – 16. 6. 84 – Infos: 00 43/3 16/5 62 39

Wir beten für die Zeltmission 1984

5. 5. – 13. 5.	(B)	in Herne mit H. Afflerbach
7. 5. – 17. 5.	(P)	in Köln-Porz mit P.-G. Meyer
11. 5. – 20. 5.	(B)	in Lübeck mit M. Walz
11. 5. – 20. 5.	(B)	in Volmarstein mit L. Leese
11. 5. – 20. 5.	(B)	in Kiel mit M. Ekelmann
18. 5. – 27. 5.	(B)	in Gronau mit H. Rauer
20. 5. – 30. 5.	(P)	in St. Augustin mit R. Janzen / J. Braun
25. 5. – 3. 6.	(B)	in St. Michael mit M. Priebe
25. 5. – 3. 6.	(B)	in Lüchow mit K. Hornischer
30. 5. – 6. 6.	(N)	in Bremerhaven
2. 6. – 13. 6.	(P)	in Gütersloh mit P. Meyer
2. 6. – 13. 6.	(P)	in Erftstadt mit J. Baum
8. 6. – 17. 6.	(B)	in Zeven mit H. Laux
8. 6. – 17. 6.	(B)	in Denzlingen mit O. Penno
8. 6. – 1. 7.	(B)	in **Waldkraiburg** mit L. Krause/F. Weinand
13. 6. – 20. 6.	(N)	in Ditzumerverlaat
16. 6. – 27. 6.	(P)	in Pettensen mit J. Baum
16. 6. – 27. 6.	(P)	in Waldbrunn mit P. Meyer
22. 6. – 1. 7.	(B)	in Schwülper mit K. Bloedhorn
22. 6. – 15. 7.	(B)	in **Saarbrücken** mit A. Kurti/H. Afflerbach
24. 6. – 1. 7.	(N)	in Wymeer
30. 6. – 11. 7.	(B)	in Burgwald
30. 6. – 11. 7.	(P)	in Walsrode mit R. Albilt/R. Fausak
30. 6. – 11. 7.	(P)	in Linz a. Rh. mit R. Lorenz und Team
4. 7. – 11. 7.	(N)	in Aurich
6. 7. – 15. 7.	(B)	in Salzgitter mit H. Szepan
6. 7. – 15. 7.	(B)	in Ingolstadt mit M. Ekelmann
14. 7. – 25. 7.	(P)	in Friedrichstadt mit P. Meyer/J. Meyer
14. 7. – 25. 7.	(P)	in Kaiserslautern mit Team
20. 7. – 29. 7.	(B)	in Regensburg mit H. Chr. Rust
20. 7. – 29. 7.	(B)	in Gunzenhausen mit R. Albilt
20. 7. – 5. 8.	(B)	EBF-Kongreß, Camp Mölln

28. 7. – 8. 8.	(P)	in Laboe mit J. Baum
28. 7. – 8. 8.	(P)	in Philippsthal mit P. Meyer
31. 7. – 9. 8.	(N)	in Lorup
21. 8. – 2. 9.	(P)	in Siegen mit W. Gitt
24. 8. – 2. 9.	(B)	in Mölln mit W. Bergemann
24. 8. – 2. 9.	(B)	in Duisburg-Meiderich (Allianz)
24. 8. – 2. 9.	(B)	in Hess. Lichtenau mit M. Ekelmann
24. 8. – 2. 9.	(B)	in Meerholz mit G. Johns
1. 9. – 15. 9.	(N)	in Weener
5. 9. – 16. 9.	(P)	in Bad Münder mit S. Lüling
5. 9. – 16. 9.	(P)	in Fulda mit J. Baum
7. 9. – 16. 9.	(B)	in Kappeln mit G. Helms
7. 9. – 16. 9.	(B)	in Duisburg-Hamborn mit M. Ekelmann
7. 9. – 16. 9.	(B)	in Geldern mit M. Barthel
7. 9. – 16. 9.	(B)	in Münster mit L. Buchheister
17. 9. – 22. 9.	(N)	in Ihren
19. 9. – 30. 9.	(B)	in Ennepetal mit L. Krause
19. 9. – 30. 9.	(B)	in Lampertheim mit H. Szepan
19. 9. – 30. 9.	(B)	in Lage/Detmold mit R. Kriese
19. 9. – 2. 10.	(B)	in Niebüll mit M. Walz/K. J. Meyer
21. 9. – 23. 9.	(P)	in Herbstein (Jugendtreff)

Adressen christlicher Bands, Liedermacher, Chöre

Dem fast täglich zu hörenden Wunsch vieler Veranstalter, eine „Musikgruppenliste" zu bekommen, stehen gleich mehrere Hürden im Weg:

– Jugendliche und junge Erwachsene wechseln die Adressen wie die Hemden. Zivildienst, Studium, Heirat, Berufswechsel machen jede Liste alt und falsch, bevor sie gedruckt ist. Bitte lasten Sie unzutreffende Adressen im folgenden also nicht meiner Recherche an...

– Musikgruppen wechseln den Stil, den Leiter, den Namen, lösen sich auf, formieren sich neu – manchmal zwischen zwei Telefonaten innerhalb einer Woche. Wundern Sie sich also bitte nicht, wenn ein Solist plötzlich zur Bigband und ein Chor zum Duo gewandelt dasteht.

– Auf Telefonnummern, Stilbeschreibung oder gar Kosteninformationen habe ich aus eben diesen Gründen verzichtet.

– Die hier veröffentlichte Liste, Stand Frühjahr 1985, ist die umfangreichste seit 10 Jahren. Trotzdem enthält sie wohl kaum die Hälfte aller musizierenden Formationen und kaum 5 % aller Jugendchöre. Halten Sie es also Ihrer eigenen Entdeckerfreude zugute, wenn Sie jemanden kennen, „der hier unbedingt hätte stehen müssen".

Weil diese Liste keinesfalls als Empfehlungsliste verstanden werden darf, sollten Sie immer folgendes vom Adressaten erbitten:

– Eine Demo-Cassette, Live-Aufnahme oder neuere Schallplatte

– Fotos, Personenangaben, Pressetext, Kosteninformation

– Termine und Orte kommender Auftritte mit der Telefonnummer der jeweiligen Veranstalter, damit Sie sich den Interpreten einmal selbst anhören können oder zumindest eine neutrale Person zum Nachfragen haben.

Anastasis
Johannes Steinbrück
Beienbacher Weg 15
5902 Netphen 3

Alma Ata
Werner Klein
Berliner Ring 83
6780 Pirmasens

Acceptance of Life
Bernd Meyer
Hintere Ortsstr. 12
3565 Breidenbach

Airstream
Thomas Schumann
Sthamer Str. 69
2000 Hamburg 65

Asante Sana
Georg Hertlein
Riedfelder Ortsstr. 18
8530 Neustadt/Aisch

Angeloy
Thomas Trapper
Altenstein 92
8601 Maroldsweisach

Aaron
Ansgar Sommer
In den Erlen 1
4600 Dortmund

Ascension
Markus Bellmann
Am Erlengraben 37 b
8531 Markt Erlbach

Agape-Band
Christoph Karstens
Friedrichsberger Str. 41 a
2000 Hamburg 76

April-Songgruppe
Regina Ewe
Bei der P. G.-Kirche 10
2000 Hamburg 50

Akzente
Michael Bartholme
Rüppurrer Str. 34
7500 Karlsruhe

Arno & Andreas
Arno Backhaus
Hauptstr. 13
3527 Calden 2

Ataraxia
Reinhard Bücker
Bothefelder Str. 40
3000 Hannover 1

Augenblicke
Volkmar Goseberg
Rathmeckerweg 34
5880 Lüdenscheid

Agape-Sänger
Claudia Pilz/Jesus-Center
Overbergstr. 5
4300 Essen 1

Aktiv
Jürgen Single
Nibelungenstr. 5
7920 Heidenheim

Clemens **B**ittlinger
Bodenschatzstr. 8 a
8523 Beiersdorf

Inge Brück
Auf'm Heiligenhäuschen 14
5227 Windeck-Irsen

Band 153
Dorian Schwab
Neumannstr. 22
6000 Frankfurt 50

Birgit & Sammy
Birgit Kley
Schliepershang 11
4300 Essen 15

Martin Becker
Kasseler Str. 74
3578 Schwalmstadt-Ziegenhain

Markus Brenner
Hartungstr. 22
2000 Hamburg 13

Bodenlos
Johannes Parchent
Albin-Klöber-Str. 25
8674 Naila

Rainer Bielfeldt
Farmsener Höhe 16b
2000 Hamburg 72

Bach-Chor der
Jugendkantorei Gütersloh
Hermann Kreutz
Kirchstr. 16
4830 Gütersloh

Biblischer Tanz Hannover
Manfred Büsing
Dannenbergstr. 34
3000 Hannover 91

Walter Bertelsbeck
Enggasse 18
6730 Neustadt 19

Baustein
Ulrich Metzger
Am Nordstern 30
5900 Siegen 21

Brandstifter
Gerhard Babbel
Eichhardstr. 28
5250 Engelskirchen

Bezirksjugendchor
Schorndorf
Helmut Förster
Klingenstr. 38
7056 Weinstadt-Großheppach

Berith
Michael Webert
Schönbornstr. 15
8730 Bad Kissingen

Contraste
Jens Marheineke
Steilshooper Str. 187
2000 Hamburg 60

Cheerful Message
Andreas Varnholt
Hardenbergstr. 19
5900 Siegen 1
Bob & Karin Cuthbert
Studelkamp 3
2080 Pinneberg-Waldenau

C-Band
Reiner Schilitz
Flottmannstr. 8
4690 Herne 1

Challenge
Walter Ruck
Lenkerstetten 19
7185 Rot am See

Chenanja
Thomas Rehn
Albert-Schweitzer-Str. 14
6090 Rüsselsheim

Chassidim
Willy Löffelbein
Hauptstr. 29
3174 Meine

Charity
Henri Oetjen
Müdener Str. 22
2800 Bremen 41

Cantate
Jochen Hasselt
Falkenberg 56 1/4
8019 Moosach b. Grafing

Christusträger
(A-, B- und C-Bands)
Bruder Dieter
Mörsberger Str. 42
CH-4057 Basel

Chrigi & Simi
KIR Konzertagentur
Mülibachstr. 1
CH-8805 Richterswil

Camelot
W. und C. Böhm
Perhamer Str. 7
8000 München 21

Cinderella
Klaus Anker
Albert-Greiner-Str. 69
8900 Augsburg

Chantal
Michael Hofmann
Mehlbergweg 48
6508 Alzey

Corona
Achim Ullrich Jordt
Waldweg 125
2819 Emtinghausen

Continental Singers
Gerhard Bachor
Darmstädter Str. 15
6117 Schaafheim

Creed
Gudrun Casni
Belchenweg 11
7031 Aidlingen

Damaris Joy
Helmut Jost
An der Hager 9
5901 Wilnsdorf

Winfried Daffy Dalferth
Friedhofstr. 52
7150 Backnang

Daddys Friends
Frank & Katrin Obermeier
Efeustr. 8
2900 Oldenburg

De La Cruz
Jürgen Probst
Siegelsdorfer Str. 21
8501 Veitsbronn

Denk mal
Frank Sczesny
Am Silberbach 1
8719 Schwarzach/Main

Gotthard F. Döring
Heerweg 18
7400 Tübingen

Effata
Christoph Dennenmoser
Mörikeweg 4
7987 Weingarten

Exodus
Uli Giewald
Bergstr. 26
4370 Marl

Eternal Light
Manfred Hohmann
Fliednerstr. 24
4000 Düsseldorf 31

Eternity
Achim Müller
Karlstr. 11
5900 Siegen 1

Elohim Nasal
Ilse & Martin Hahn
Georgistr. 21
8704 Uffenheim

Markus Egger
Intermission
Postfach 3044
3000 Hannover

Elops
Dieter Weidemann
Danziger Str. 55
8532 Bad Windsheim

Emmaus
Elmar Oertel
Kühnhofener Str. 10
8562 Hersbruck

Elysium & Chor
Ulrich Höttges
Kardinal-Galen-Str. 49
4100 Duisburg 1

Ludger Edelkötter
Münsterstr. 16
4406 Drensteinfurt

Emmaus
Andreas Solf
Maria-Montessori-Weg 3
3400 Göttingen

Tanzgruppe Elisabeth Evers
Hoher Weg
4452 Freren

Exodus
Karl-Ludwig Höpker
Rebenweg 2
4780 Lippstadt

Annette Eberlein
Creative Press
Postfach 2242
7500 Karlsruhe

Frühregen
Hiltrud Reinhard
Schumannstr. 27
4902 Bad Salzuflen

Siegfrid Fietz
Haversbach 1
6349 Ulmtal-Allendorf

Fellowship
Peter Olm
Flotowstr. 3
4630 Bochum

Foutain of Life
Rolf Flöder
Möbiusstr. 5
4300 Essen 1

Funkenflug
Steve Volke
Liebigstr. 87
6300 Gießen

Followers
Frede Wunner
Itenstr. 31
8671 Schwarzach/Wald

Dieter Fürch
Fränking 3
8061 Weichs

Fünf Brote, zwei Fische
Klaus-Peter Rex
Kastanienallee 57
5603 Wülfrath

Feuer und Flamme
Klaus Schmitz
Koblenzer Str. 26
1000 Berlin 31

Forum
Wolfgang Sülz
Kriemhildenstr. 15
5600 Wuppertal 2

Uwe Fischer
Derschlager Str. 23
5882 Meinerzhagen

Joachim Friedrichsdorf
Amselstr. 12
6927 Bad Rappenau

Gegenwind
Christoph Fischer
Steuppergstr. 33
7121 Cleebronn

Golgatha
Uwe Schell
Wilhelmstr. 2
5276 Wiehl-Hübender

Gospics
Peter Barz
Beckerberg 14
2100 Hamburg 90

Galiläa
Andreas Sablotny
Königstr. 2
1000 Berlin 42

Gospel Plough
Manfred Fischer-Ladendorff
Nassauische Str. 64
1000 Berlin 31

Golgatha
Rainer Kropf
Oldenburger Str. 30
2930 Varel

Gospelsänger der Marine
Jochen Senft
Kanalufer 48
2370 Rendsburg

Gospelchor Bredstedt
Jorga Wolf
Osterfeldweg
2257 Bredtstedt

Gospelgruppe Rethem
Henning Wichers
Dorfstr. 29
2818 Häuslingen

Jürgen Gutowski
Postfach 2722
3400 Göttingen

Gopsel News
Ueli Haldemann
Sonnenberg 1
CH-9428 Walzenhausen

Frank & Peter Hübner
Holsteiner 24
5600 Wuppertal 2

Hella Heizmann
Urbarer Str. 23
5401 St. Goar-Bieberheim

Otto Hees
Wimsheimer Str. 8
7251 Mönsheim

Hans-Jürgen Hufeisen
Rosenbergstr. 45
7000 Stuttgart 1

Dieter Hugenschütt
Jahnstr. 5
4550 Bramsche

Wolfhard Hupperts
Holtkamphof 9
4650 Gelsenkirchen

Hymn
Ulrike Müller
Lichtenthaler Str. 7
8458 Sulzbach-Rosenberg

Holzweg
Norbert Meyers
Mont-Cenis-Str. 60
4690 Herne 1

Petro C. Holz
Robert-Koch-Str. 21
4630 Bochum

Jugenchor Holsterhausen
Wolfgang Schaefer
Aschebrock 41
4690 Herne 2

Berit Hartmann
Fritzlarer Str. 5
3558 Frankenberg

Heilhut Semmeldroll
Johnathan Böttcher
Brungasse 9
8702 Mädelhofen

Werner Hucks & Irene Lorenz
Friedenstr. 18
5900 Siegen

Innovation
Bernd Freigang
Marienkäferweg 23
2100 Hamburg 90

Internationals
Ernie Engelberg
Am Krappen 46
3550 Marburg/Lahn

It's Time
Michael Papsdorf
Goebenstr. 32/34
5300 Bonn

I. O. U.
Achim Tandler
Holzbacher Str. 1
6540 Simmern

Intercity
Manfred Fischer-Ladendorff
Sieglindestr. 6
1000 Berlin 41

Ichthys
Christine Irle
Martin-Luther-Str. 2
5275 Bergneustadt

Hans
Jürgen Jaworski
Overwegstr. 33
4690 Herne 1

Peter Janssens
Warendorfer Str. 1
4404 Telgte

Jeduthun
Hartmut Appel
Mark-Aurel-Str. 27
6000 Frankfurt 50

Joyful Noise
Frank-Peter Rothe
Bergstr. 1
3360 Osterode/Harz

Jil Music
Rudolf Bergk
Wilhelm-Leuschner-Str. 229
6103 Griesheim

Jericho
Frank Seifert
Max-Reger-Str. 8
8720 Schweinfurt

Jesaja
Andreas Erstling
Bayreuther Str. 8
8551 Wiesenthal

Joy for People
Ruurd Gjaltema
Urgevochtenwaltje 20
NL-9101 Dokkum

Junger Chor Mätthäus
Dr. Rolf Rochusch
Winterstr. 26
1000 Berlin 51

Jugendchor Alswede
Heike Brauckmann
Fiesteler Str. 59
4990 Lübbecke

Junger Chor Iserlohn
Heyno Kattenstedt
Leckingser Str. 97
5860 Iserlohn

Jugend für Jesus
Jürgen Weber
Waldbachstr. 99
6228 Eltville 3

Jugendchor Seitenwind
Karl-Heinz Thurm
Karlshöhe Ludwigsburg
Postfach 349
7140 Ludwigsburg
Tel.: 0 71 41/13 33 50

Jugendchor des Bezirks Sulz/N.
Roland Frommer
Birkenhof 218
7247 Sulz/N.
Tel.: 0 74 54/28 35

Jugendchor Walddorf
Dr. Heinrich Stadelmaier
Siedlerweg 7
7401 Walddorfhäslach 1
Tel.: 0 71 27/3 15 38

Wasserträger Jugendchor
Heiner Zahn
Postfach 3
7273 Ebhausen
Tel.: 0 74 58/3 26

Way to haeven
Helmut Förster
Mörikestr. 7
7056 Weinstadt-Großheppach
Tel.: 0 71 51/5 00 82 84

Jugendchor Winnenden
Ulrich Oechsle
Ruitzenbergstr. 3
7057 Winnenden 7

Jugendchor Distrikt Ammertal
Reinhold Bauer
Gretchenstr. 2
7403 Ammerbuch 1, Entringen
Tel.: 0 70 73/69 56

Jugendchor Besigheim
Susanne Rosenberger
Hohensteiner Str. 33
7125 Kirchheim
Tel.: 0 71 43/3 35 02

Jugendchor/Band der
Christuskirche West
Heinz Richter
Straßburgweg 25
7900 Ulm
Tel.: d. 07 31/1 92 41 68
p. 07 31/3 26 76

Jugendchor Dettingen
Heinrich Stiefel
Neuwiesenstr. 1
7433 Dettingen/Erms
Tel.: 0 71 23/7 12 73

Jugendchor „Eternal Life"
Peter Bischoff
Heinrich-Talmon-Groß-Str. 36
7060 Schorndorf
Tel.: 0 71 81/6 54 00

Jugendchor Göppingen
Edeltraud Rux
Vorderer Berg 17/1
7320 Göppingen-Jebenhausen
Tel.: 0 71 61/47 22

Jugendchor Göppingen-Waldeck
Klaus Stickler
Keplerstr. 22
7320 Göppingen
Tel.: 0 71 61/7 56 36

Jugendchor Hechingen
Andreas Breitmayer
Albert-Einstein-Str. 17
7450 Hechingen
Tel.: 0 74 71/1 41 10

Jugendchor
Heldenfingen/Heuchlingen
Fritz Zimmermann
Dettinger Str. 17
7921 Heuchlingen

Jugendchor Ilshofen
Brigitte Dunz
Grüne Au 6
7174 Ilshofen

Laudamus –
junger Chor Darmsheim
Erwin Hagenlocher
Karlstr. 26
7032 Sindelfingen 7
Tel.: 0 70 31/70 24

Jugendchor Münsingen
Hans-Martin Reinhardt
Bismarckstr. 28
7420 Münsingen
Tel.: 0 73 81/5 23

Jugendchor Bezirk Neuenstadt
Hans Wieland
Pfarrgasse 7
7106 Neuenstadt
Tel.: 0 71 39/14 12

Jugendchor vom CVJM Neubulach
Kurt Heselschwerdt
Schillerstr. 27
7265 Neubulach 1
Tel.: 0 70 53/75 65

Jugendchor Nürtingen
Ingeborg Hertl
Römerstr. 5
7440 Oberensingen
Tel.: 0 70 22/5 95 02

Jugendchor CVJM
Owen-Teck e. V.
Klaus-Günther Schwarz
Dorfwiesenstr. 23
7311 Schlierbach
Tel.: 0 70 21/4 41 18

Katharsis
Günther Nun
Krugstr. 40
8500 Nürnberg 90

Stefan Kühnlein
Zinkenwerder Str. 2
8500 Nürnberg 90

Kreuzweg
Roger Müller
Grabenstr. 7
7850 Lörrach

Krasse Nuance
Hartmut Holler
Strohgäustr. 1
7147 Eberdingen

G. Aaron Kassühlke
c/o Berthold Kraus
Hellmundstr. 7
6200 Wiesbaden

Thomas Knodel
Neuhalde 23
7132 Illigen

Kontrapunkte
Traute Vorberger
Plattenberg 20
2810 Verden/Aller

Kirchenwecker
H.-J. Koppe
Klosterweg 17
3008 Garbsen 2

Kinder der Zeit
Klaus Wirbel
Karlstr. 34
4505 Bad Iburg

Kontakte
Reinhard Horn
Akazienstr. 76
4780 Lippstadt

Lui & Manfred
Ludwig Knoll
Harsdörferplatz 6
8500 Nürnberg 30

Living Stones
Peter Marquardt
Strohgäuring 3
7257 Ditzingen

Martin Lampeitl
Guntramstr. 24
7800 Freiburg

Laetare
Günter Schmidtlein
Alte Schulgasse 2
8602 Burghaslach

Christian Loer
Horststr. 9
4690 Herne 2

Sylvia Lawaty
Reuterallee 44
6100 Darmstadt

Lux
Eberhard Fuhr
Obere Bachstr. 47
7024 Filderstadt 1

Lebana
Christoph Glumm
Schillerstr. 52 c
5650 Solingen 1

Leben mit Christus
Mattias Scheuschner
Nürnberger Str. 12
8501 Schwaig

Lichtkegel
Matthias Funk
Junkernstr. 59
6200 Wiesbaden

Marchstei
Jean-Daniel von Lerber
Mülibachstr. 1
CH-8805 Richterswil

Munterholln
Christoph Haus
Börnestr. 71
2000 Hamburg 70

Morgenröte
Robert Bärnreuther
Mühlengasse 12
8551 Heiligenstadt

Micha
Martin Falke
Einener Str. 4
4404 Telgte

Markus Singers
Doris Wehrmeister
Schleißheimer Str. 44
8000 München 22

Münchner Xylophoniker
Barbara Klose
Adelgundenstr. 21
8000 München 22

Wolfgang Marquardt
Seelhausgasse 6
7400 Tübingen

Maranatha
Peter Bleiler
Siegelsbacherstr. 12
6927 Bad Rappenau

Morgenstern
Dieter Egert
Stuttgarter Str. 125
7050 Waiblingen

Morgentau
Gerd Segatz
Meißnerstr. 2 a
2000 Hamburg 19

Merkwürden
Berhard Wagner
Dormitzer Str. 15
8500 Nürnberg 10

Neues Lied
Heinz Lämmer
Pfarrwiesenweg 21
6320 Alsfeld

New Life
Eva-Maria Hedrich
Schulstr. 21
6301 Wettenberg

Nicodemus Band
Detlef Westermann
Postfach 1141
5820 Gevelsberg

Noahs Arche
Horst Fessel
Schießplatz 7
4470 Meppen

No Fear Band
Volker Steinke
Gretchenstr. 37
3000 Hannover

Nebelschwade
Thomas Fehn
Uhlandstr. 9
8671 Selbitz

Ninive-Chorgruppe
Thomas Seemel
Schulstr. 12
6466 Gründau 2

Hartmut Nitsch
Leimbachstr. 86
5900 Siegen

On the Way
Hermann Schwab
Lindenweg 1
8800 Ansbach

Oxymoron
Joachim Appl
Haydnstr. 48
7920 Heidenheim

On the Way
Klaus-Dieter Arnold
Neumeyerstr. 45
8500 Nürnberg 10

The **P**ioneers
Klaus Wagner
Fürstenweg 9
8520 Erlangen

Praise Him
Monika Halbritter
Nürnberger Str. 21
8507 Oberasbach

Peppermint Music Ensemble
Henri Uetjen
Müdener Str. 22
2800 Bremen 41

David Plüss
Bündtenstr. 26
CH-4800 Zofingen

The Pilgrims
Erwin Stieb
Unterlixlau 38
A-4844 Regau

Pieces
Matthias Staiger
Stettiner Str. 17
6310 Grünberg

Prisma
Gunnar Wessels
Lutherstr. 63
3000 Hannover

Phoenix
Thomas Brinkmann
Schäferholzweg 24
4980 Bünde 1

Karin Paschold
Oberer Weg 8
3201 Binder

Andreas **R**eich
Ruppiner Chaussee 197
1000 Berlin 27

Ute & Friedemann Rink
Wiesenstr. 56
5275 Bergneustadt

Regenbogen
Bernd-Ulrich Köpcke
St.-Nikolai-Str. 18
3203 Sarstedt

Regentropfen
Martin Lüttschwager
Linckestr. 41
4570 Quakenbrück

Rejoice
Andreas Egert
Hauptstr. 25
8228 Freilassing

Regenbogen
Andreas Mlynek
Am Rathaus 6
6395 Weilrod

Ralf & Matthias
Ralf Maaß
Tetzelweg 10
8520 Erlangen

Rock n'Brot
Dieter Max
Liebensteiner Weg 8
8591 Schirnding/Obfrk.

Rejoice
Klaus Lebherz
Knauppstr. 19
8504 Stein

Reference
Johannes Siedentop
Merkendorfer Str. 24
8500 Nürnberg 60

Manfred **S**iebald
Am Mainzer Weg 12 a
6500 Mainz 33

Seed
Markus Graichen
Im Hiller 38
7060 Schorndorf-Miedelsbach

Sacred Sounds of Grass
Thilo Hain
Hauptstr. 47
6340 Dillenburg 2

Standpunkt
Jürgen Werner
Heiermannstr. 19
4330 Mülheim/Ruhr

Spread Message
Uli Remmel
Eggempfad 11
5980 Werdohl

Steppenblüte
Neuhausstr. 35
CH-4057 Basel

Senfkorn
Michael Wabbel
Fühlentwiete 21
2090 Winsen/Luhe

Suppensalz
Christa Becker
Kirchstr. 26
4100 Duisburg 12

Sunrise
Rainer Koch
Heinweg 7
8504 Stein

Siegelring
Friedhelm Baumgart
Gotenstr. 13
6230 Frankfurt 80

Michael Strauß
Ruppenhahn 37
5980 Werdohl

Seine Freunde
Hans Lang
Pestalozzistr. 9
8550 Forchheim

Soli Deo Gloria
Reinhard Sperber
Hauptstr. 24
8561 Henfenfeld

Sinstorfer Jugendchor
Klaus-Jürgen Buchroth
Sinstorfer Kirchweg 30
2100 Hamburg 90

Star of David Singers
Arie Ben Israel
Hauptstr. 31
6350 Bad Nauheim

Soma
H.J. Coenen
Pastoratsweg 14
4370 Marl

Salz der Erde
Friedrich Flierl
Obersteinbach 25
8531 Markt Taschendorf

Swing Church
Manfred Schaack
Hohe Mark 10
8752 Mömbris-Brücken

Shalom
Friedrich Mayer
Görrestr. 9
7527 Kraichtal-Gochsheim

Simone & Wolfgang
Wolgang Vorländer
Rübenstr. 23
5600 Wuppertal 2

Straight Ahead
Michael Mürle
Hirsauer Str. 141
7530 Pforzheim

Studiochor des
Musischen Bildungszentrums
Gerhard Seinsche
Im Eichelgärtchen 7
5401 Halsenbach

Taktwechsel
Klaus Simon
Spessartstr. 1
8786 Rieneck

Theophiles
Christoph Kolbe
Hermann-Löns-Park 7
3000 Hannover 1

Thekoa
Lothar Pfeffer
Frankfurter Str. 23
7120 Bietigheim-Bissingen

Christoph Thiele
Schillerstr. 32
8520 Erlangen

Jan **V**ering
Stürbergstr. 26
5900 Siegen-Feuersbach

Nicole Vogel Band
Nicole Vogel
Ludwigstr. 42
6300 Gießen

Gerold Vorländer
Dreikreuzweg 70
6903 Neckargemünd

Johannes Vogel
Preußerstr. 10
2300 Kiel

Jürgen **W**erth
Höhenweg 2
6333 Braunfels

Eri Wels
c/o Irene Koehler
Zum Erlenbusch 157
4400 Münster

Wolkenlos
Uwe Beck
Kirchplatz 3
7060 Schorndorf

Wolkenbruch
Uwe Bauer
Unterschlauersbacher
Hauptstr. 46
8501 Großhabersdorf

Die Wegweiser
Walter und Sigrid Bezold
Sieglitzhofer Str. 48
8520 Erlangen

Wendepunkt
Heiko Bläse
Lerchenstr. 1
7031 Holzgerlingen

Wettbergen
Klaus Schwarzer
Am Hirtenbach 25
3000 Hannover 91

Christoph **Z**ehendner
Taunusstr. 9
6330 Wetzlar 15

Zebaoth
Peter und Andreas Bubmann
Bauernstr. 26
8901 Stadtbergen

Christliche Pantomine-, Kabarett- und Theatergruppen

Hans Böttger
Wentorfer Str. 80 a
2000 Hamburg 80
Tanzgruppe Elisabeth Evers
Hoher Weg
4452 Freren

Reissbrett Kabarett
Erich Poguntke
Weichselweg 7
3501 Espenau

Die Spöttinger
Michael Berger
Leonard-Nelson-Str. 29
3400 Göttingen

Die Kirchenwühlmäuse
Birthe Czarnojan
Jakobstr. 177
5100 Aachen

Jazz-Tanzgruppe
Mechthild Girkon-Tidten
Dorfstr. 8
4000 Düsseldorf 12

Jugend-mit-einer-Mission
Postfach 1330
7272 Altensteig

Pfarrer Friedemann Jung
Kabarett
Am Kanal 17
8600 Bamberg

Hans-Jürgen Hufeisen
Rosenbergstr. 45
7000 Stuttgart 1

Theatergruppe Les Papillons
Ute Klappenecker
Siemensstr. 11
6300 Gießen

Brottheater
Peter Arle
Daimlerstr. 103 a
7000 Stuttgart 50

Tanzgruppe Sulamith
Brigitte Müller
Eulerstr. 9
CH-4051 Basel

Schapaté
Schalom Pantomime Team
8522 Herzogenaurach

Hesed Mimes
c/o Hajo Klösel
Fasanenstr. 68
4100 Duisburg

Pantomime Peter Paul Viehoff
Mierendorffstr. 9
4400 Münster

Kabarett Die Nachtwächter
Bernhard Bakat
Hubertusstr. 8
4030 Ratingen

Peter Nachtigall
Puppenspiel
Kurt-Schumacher-Str. 45
7958 Laupheim

Sicherheitsrisiko
Jürgen Bootsmann
Bismarckstr. 45
5100 Aachen

Agape-Theater
Peter Klüger
Goebenstr. 16
3000 Hannover 1

Lichtblicke Pantomime
Klaus Maaß
Nerlichsweg 2
2000 Hamburg 26

Spiegelbild Pantomime
Marco Herrmann
Hof Häusel 4
6239 Eppstein

Douby-Familie
Marionettentheater
Peter Albrecht
Nordendstr. 13
6000 Frankfurt

Semorah Pantomime
Dorothee Reim
Kiefernweg 10
6270 Idstein

Grafik, Kunst, Gestaltung

Kissel, Helmut Pastor (Maler)
Marburger Str. 37
6300 Gießen

Dorka, Evelin
Alsenstr. 16
5603 Mainz-Kastel

Seibold, Reiner (Grafiker)
Bordinhauser Weg
5893 Kierspe 1

Bhoatschek, Horst
(Bleiverglasung)
Im Grünen Lande 5
4972 Löhne 1

Stute, Käthe
Kapellenstr. 31
6093 Flörsheim

Bürmann, Annemarie
Bockhorst 122/5606
2000 Hamburg 55

Wlodarek, Marianne
Westerwaldstr. 50
4460 Nordhorn

Eisenblätter, Edelgard (Textilkunst,
Wandteppiche)
Achtern Diek 73
2071 Hoisdorf

Putensen, Ruth (Kunstmalerin)
Neuwart 5
6416 Poppenhausen

Fischer, Ute (Grafikerin)
Bismarckstr. 68
6050 Offenbach

Becker, Horst
Sonnenstr. 4
6330 Wetzlar/Nauborn

Clemenz-Rau, Hannelore
Am Kirschenberg 3
6365 Roßbach v.d.H. 1

Reichert, Elly (Schriftgrafikerin)
Rückertstr. 6
4330 Mülheim/Ruhr

Thieme, Ekkehard
Moordamm 6
2390 Flensburg

Luckey, Klaus
Rheidbroker Vorderdeich
2000 Hamburg 81

Becker, Kristin (Tonplastiken)
Hetzstr. 1
3000 Hannover 1

Küppers, Ingo (Landschaftsmaler)
Bodelschwinghstr. 11
3500 Kassel

Liebschner-Stabenow, Anneliese
(Fayencen)
Vor der Holzkate
2217 Kellinghusen

Dorka, Jürgen
Berliner Str. 3/37
6094 Bischofsheim

Tesch, Senta (Grafikerin)
Hayd Str. 25
4460 Nordhorn

Joop, Wolfgang (Kunstmaler)
Ringweg 14
3100 Celle

Petschat, Ralf-Joachim
(Kunststudent)
Reher Weg 18
3250 Hameln 1

Grafik Design Guido Beck
Haardtstr. 25
5800 Hagen 5

Wilfried Osenberg-Engels
(Ton-Dia-Schau)
Breslauer Str. 29
4030 Ratingen

Die Zwei Graphik Design
Brigitte Schicker/
Rosemarie Kloos
Zimmermannstr. 1
6200 Wiesbaden

Herzlich bedanken möchte ich mich bei

Leen LaRiviere, Rotterdam, für die Grundidee aus „Evangelisatie Concerten“ und „Gospel Handboek“

Günther Köppel, Nürnberg, für seine „Arbeitshilfe christliche Popmusik“

Mike Schnepel, Kassel, für das erste „Künstlerhandbuch für Veranstalter“

Dieter Martschinke, Witten, und Bernd Groth, Hamburg, für ihre vielgeprüfte Kongreß-Zentren-Erfahrung

Dietrich Schultze und Herbert Szepan, Bad Homburg, für die Abdruckgenehmigung der Zeltpläne und Formbriefe

Klaus Erdel, Herzogenaurach, für die Pantomime-Tips

Lutz Buchheister, Herten, für das Straßenfest-Know-How

Alfons Hildebrandt, Darmstadt, und Jochen Unterlöhner, Tübingen, für die pfundweisen Unterlagen zum Urheberrecht

Ursel Müntinga, Saterland, und Christina Lübbe, Hamburg, fürs gelegentliche Tippen

Arno Backhaus, Calden, fürs praxisorientierte Korrekturlesen.

Der dickste Dank aber geht an Edeltraud Malessa, die drei Jahre lang einen alten Karton mit Idee-Zetteln nicht wegräumen durfte und auch noch glauben sollte, daß da mal ein Buch draus wird! Danke auch fürs autorenorientierte Korrekturlesen . . .